AF619597

Destilados asiáticos: Shochu y Baijiu

Destilados asiáticos: Shochu y Baijiu

Los secretos mejor guardados de Japón y China

Por María de la Peña

Título: *Destilados asiáticos: Shochu y Baijiu*

De la maquetación: 2022, Romeo Ediciones

Del diseño de la cubierta: 2022, Romeo Ediciones

De la corrección: 2022, Romeo Ediciones

Primera edición: noviembre de 2022

Impreso en España

ISBN-13: 978-84-19374-61-5

Índice

Introducción

¿Por qué deberías leer éste libro?

Este libro es el resultado de una década de aventuras alcohólicas. Lo que empezó como una apuesta tonta con mis amigos ha culminado en un viaje que aún me sorprende. Y debo decir, que no ha sido un viaje fácil, pero las cosas buenas rara vez lo son, ¿no crees? Así pues, después de varios años en producción de bebidas alcohólicas y de una pandemia que se llevó por delante más cosas de las que queríamos, aquí estamos tu y yo.

¿Y dónde es aquí? Aquí es el punto donde empieza (o continúa) tu camino por este mundo de los destilados asiáticos, en el que viajaremos en una primera parte por Japón y luego por China, descubriendo juntos secretos milenarios y deliciosas bebidas que, posiblemente, te sorprenderán.

Y no sólo eso, estas bebidas están destinadas a comerse el mundo, visto el crecimiento en producción y en número de exportaciones.

Por tanto, ¿no crees que es interesante saber de qué va el tema antes de que se convierta en "trending topic"?

Por otro lado, parafraseando a Einstein: "Cuanto más aprendo [de destilados] más me doy cuenta de cuánto no sé" ... y escribir un libro sobre este tema me ayuda a organizar esos aprendizajes que quiero compartir contigo.

A parte, lo he planteado como una clase de las que puedo dar a mis alumnos, ya que según cómo se escriben y/o cuentan las cosas, me aburro hasta yo... y no queremos eso, ¿verdad?

¿Por qué yo?

Como te comentaba, llevo una década dedicada al mundo de los destilados. Soy Certified Specialist of Spirits y WSET 3 en destilados. También soy docente de destilados en enoAula y, de hecho, tengo el placer de contar con alumnos de 1° línea: sumilleres, equipos técnicos de destilerías y bodegas muy conocidas. ¡Si es que no puedo estar más orgullosa!

A parte, tengo un portal, mariadelapena.com dedicado a destilados en general y con carácter formativo, donde también podrás encontrar noticias, información del sector y una selección de destilados más o menos fáciles de encontrar fuera de sus países de origen.

También tengo un MBA, soy sumiller de ron y muchas otras cosas, pero mi currículum sólo me define hasta cierto punto. Lo que sí me define: Soy curiosa por naturaleza, incluso, a veces, con un punto obsesivo. Me encanta probar cosas nuevas y descubrir sabores, historias y lugares. Llevo haciéndolo desde niña, no he parado desde entonces y quiero seguir así en el futuro.

Por último, debo avisarte, soy caótica y un poco anárquica, pero ese "desorden mental" hace que pueda coger informaciones muy complejas y simplificarlas para que las pueda entender cualquier persona. ¡Y si no, pregúntaselo a mis alumnos (o a mi mujer), que te lo dirán mejor que yo!

Así que, si aún no te has asustado, te gusta lo que te planteo y cómo te lo planteo, sigue leyendo. ¡No te arrepentirás!

¡Salud!

Maria de la Peña

SPIRITS EXPERT

Regalo confianza

Te agradezco tu confianza

Me alegra que te hayas decidido a dar este paso y te doy las gracias por ello. Así pues, me gustaría invitarte a una sesión donde te explico cómo catar éste tipo de productos y que puedas sacar el mayor partido a este libro.

A parte, tengo una súper ficha de cata que te puedes descargar y que te servirá para todo tipo de destilados.

Lo único que tienes que hacer es escanear este QR

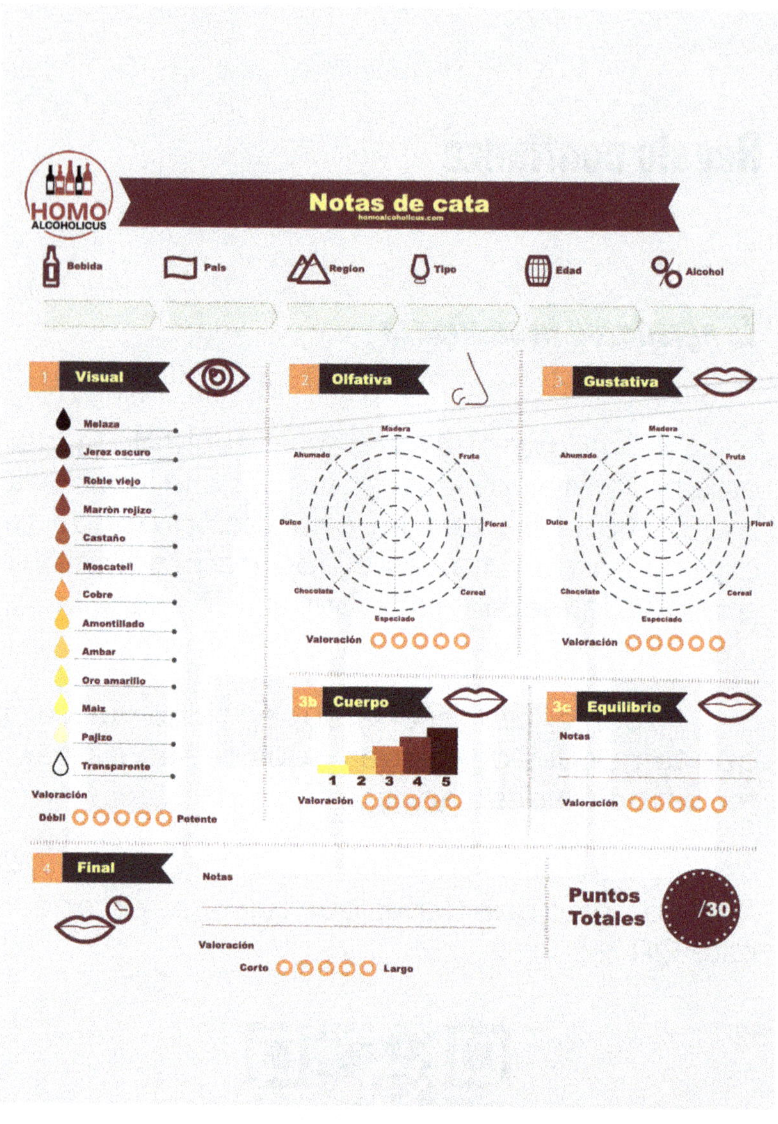

¡Nos vemos dentro!

1o Parte - Shochu

¿Qué es el shochu?

¿Qué es el shochu?

El shochu es el destilado típico de Japón que parte, generalmente, de arroz, boniato, azúcar moreno o cebada y, de hecho, existen distintos tipos, que los veremos más adelante. En una simplificación extrema podemos decir que es un sake[1] destilado, de la misma forma que podemos simplificar el whisky como una cerveza destilada o un Cognac como un vino destilado.

Está claro que es mucho más complicado que esto y si fuese así de simple no tendría sentido escribir un libro, pero nos vale como punto de partida para situarnos.

---

1 Sake en japonés hace referencia a todos los alcoholes, por lo que, de ahora en adelante, le llamaremos *nihonshu*, que es como se llama lo que conocemos como sake.

Distintas botellas de shochu

Lo genial de esta bebida y al contrario que muchos destilados asiáticos modernos es que el shochu de tipo honkaku shochu y el awamori (los tradicionales) sólo se destilan una única vez, conservando una gran variedad de aromas y sabores de la materia prima. Esto es casi imposible en el caso de las bebidas que se destilan dos veces, que, dicho sea de paso, son la mayoría. Pero no me adelanto, sigamos por orden. ¿No crees?

A continuación, te dejo un par de comparativas para que veas qué lugar ocupa el shochu en el mundo de los destilados respecto al tipo de elaboración y respecto a sus materias primas.

Comparativa con otras bebidas

Categoría	Ejemplos
Bebidas fermentadas	Nihonsu, cerveza, vino
Bebidas destiladas	Shochu, whisky, vodka, ron, ginebra

Comparativa por materias primas

Materia prima	Bebidas
Cereales	Whisky, vodka, honkaku shochu
Frutas	Brandy, grappa, pisco
Caña de azúcar	Ron, kokuto shochu
Otros	Tequila, akvavit

Entonces, ¿qué diferencias existen con las otras bebidas?

Diferencias con el nihonshu: Como vemos en la 1° tabla, la diferencia principal es que el shochu se destila, mientras que el nihonshu es una bebida fermentada. A parte, se pueden usar muchas materias primas en la producción de shochu, mientras que el nihonshu sólo puede usar arroz.

Igualmente, es un tema que, como ves, me da para escribir un libro. Así que sigue leyendo, que no te lo puedo resumir todo, ni tanto, ahora al principio.

Un poco de historia

Un poco de historia

Empezando por el principio, ahora que ya sabemos un poco lo que es el shochu, nos tenemos que ir hasta el año 500 BCE[2] que es cuando supuestamente el alambique llegó a Japón. Y ¿Por qué digo supuestamente? Pues porque no está muy claro cómo llegó hasta a las islas.

Se sabe que el alambique se originó en Mesopotamia (más o menos lo que hoy en día es Iraq) y que viajó hacia India, China, Korea, Myanmar y Tailandia (antigua Siam) siguiendo rutas comerciales. Pero es a partir de este momento, que tenemos los alambiques en el continente, que la historia se divide en 3 rutas:

La ruta de Ryukyu

Ryukyu es la actual Okinawa y era el puer-

---

2 BCE significa Before Comon Era (en inglés) y se usa de la misma forma que a.C y d.C pero sin las connotaciones religiosas

to comercial principal allá por el s. XIV, donde se importaban varios tipos de bebidas destiladas procedentes de Siam.

La ruta del mar de China

Los piratas japoneses (llamados Wokou) iban extendiendo el dominio marítimo por el mar de China durante los s. XIV y s. XV, por lo que se cree que el alambique fue uno de los botines de estas... llamémosle "transacciones comerciales".

Wokou haciendo de las suyas en las costas chinas

La ruta koreana

Parte de la misma teoría que la ruta de Ryukyu, pero tomando Korea como punto de partida, ya que podemos encontrar en archivos de la Dinastía Joseon, que los habitantes de Okinawa ya destilaban en 1477.

Igualmente, las teorías no son más que eso, ideas que aún no se han podido demostrar y la que tiene más peso ahora mismo es la de la ruta Ryukyu. ¿Los motivos? Las similitudes entre las producciones de awamori y Lao-u de Tailandia y el hecho que Siam y Ryukyu tenían una fuerte relación comercial en el s. XIV.

Sea como fuere, un portugués llamado Jorge Alvares que se dedicaba al comercio legítimo, ya hacía referencia a que los japoneses bebían un "arrack hecho de arroz" allá por la década de 1540.

Posteriormente, en 1559, los caracteres 焼酎 (shochu) aparecieron como un "grafitti" de dos carpinteros del templo de Koriyama Hachiman en la prefectura de Kagoshima. ¿El porqué de este grafitti? Porque el monje que se encargaba de supervisarles ese día ¡no les dio su ración de shochu!

Templo de Koriyama Hachiman

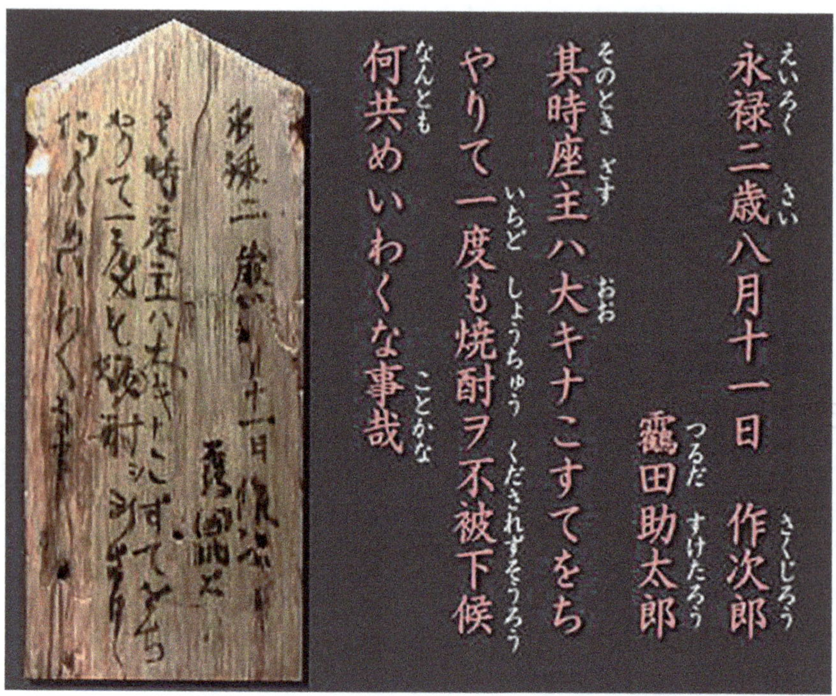

Tabla del templo de Koriyama Hachiman con la inscripción: "El sacerdote principal era terriblemente tacaño y ni siquiera nos dio shochu. ¡Que fastidio!"

Tras esos inicios tan inciertos, el shochu fue creciendo, en especial durante el periodo Edo, que es cuando se extendió más su producción y se empezaron a variar las materias primas. Después, todo fue tranquilo, hasta principios del s. XX que se pasó a un sistema de 2 moromis[3]. Este cambio, junto con el proceso de destilación al vacío que se introdujo en la década de 1970, llevaron al 1er boom del shochu. Todo esto ha hecho que supere en ventas

3 Ver apartado: ¿Cómo se elabora? - para conocer más detalles

al nihonshu en el mercado doméstico y que se considere la bebida nacional de Japón.

A continuación, te dejo un resumen gráfico, con algunos momentos importantes:

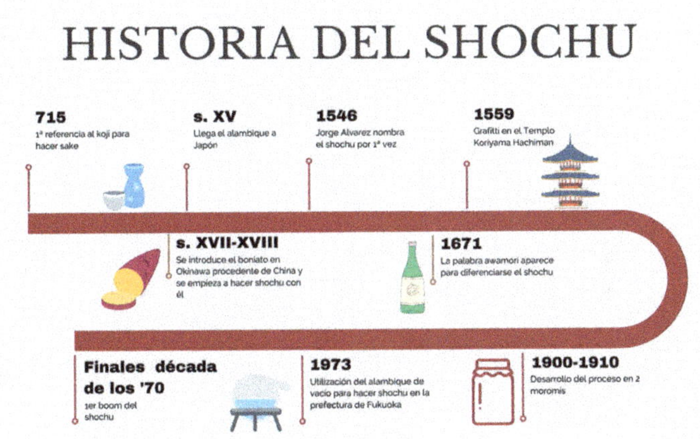

Importancia económica y cultural

Importancia económica, social y cultural

Importancia económica

Como acabamos de comentar, el shochu lleva años superando en ventas al famoso nihonshu, pero ¿cómo vamos en cuanto a magnitudes? Pues veámoslo.

En la actualidad[4] existen un total de 622 kuras, así se llaman las destilerías donde se produce el shochu, que producen alrededor de 5.000 marcas comerciales. De estas, una buena parte se debe al 2° boom, desde la década del 2000 y, de ellas, más de la mitad (364, concretamente) se encuentran en la isla de Kyushu. Prácticamente todas se han centrado, sobre todo, en producir honkaku shochu de ediciones limitadas, de lotes pequeños y en general se han movido hacia un producto más premium.

---

4 Datos de 2020, extraídos de la National Tax Agency de Japón

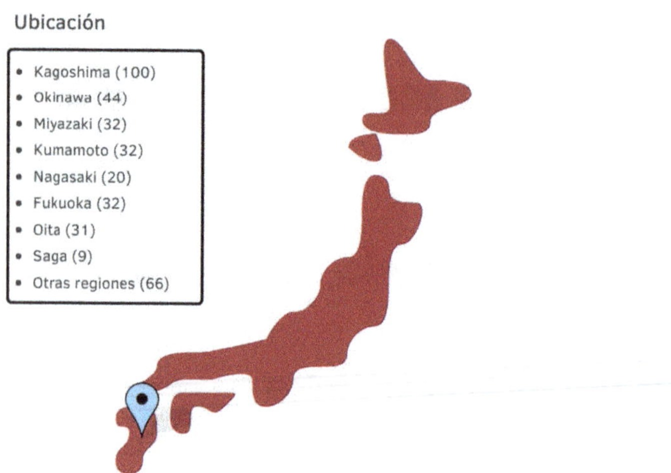

Distribución de la producción

Si hablamos de volúmenes, nos encontramos con una variación enorme en cuanto a zonas. Y como una imagen vale más que mil palabras, aquí tienes una muestra con datos extraídos de la National Tax Agency de Japón.

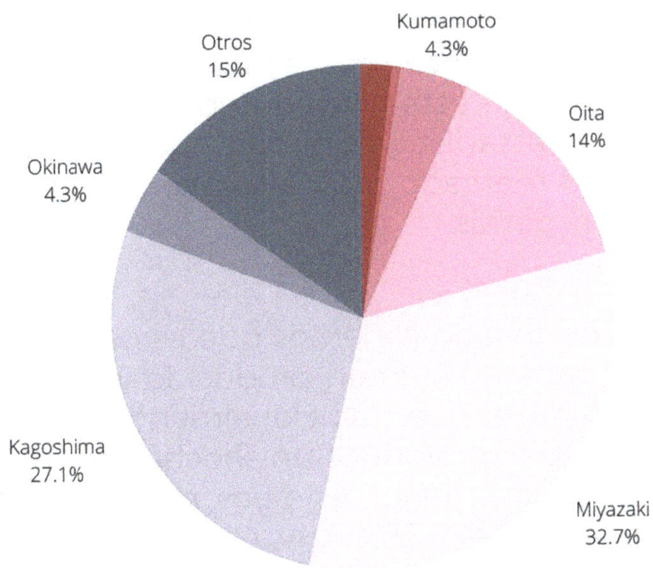

Datos de producción de shochu por prefecturas. Fuente: Japanese National Tax Agency

Los tipos de shochu asociados a cada una de las zonas, los veremos en detalle más adelante en el apartado dedicado a: ¿Qué tipos de shochu existen? Por ahora, con las magnitudes, nos vale.

Como se puede ver, la concentración de la producción se encuentra en las zonas de Miyazaki y Kagoshima, ambas en la isla de Kyushu. Pero en estas dos zonas se encuentran sólo 132 de las 622 kuras de todo Japón, por lo que es interesante valorar estas diferencias.

Aquí hay un tema importante y es ver el tipo de productos que se hacen en cada región, porque está claro que no se puede dejar ahí la estadística sin más: no se puede dominar el mercado productivo sin ver un poco qué hay detrás.

Por un lado, tenemos que estos datos corresponden a volumen producido y un hecho interesante es que, tradicionalmente, en la zona de Miyazaki se produce un shochu con un grado alcohólico menor. Así pues, mientras la mayoría se envasa a 25% ABV, el de esta prefectura se suele dejar en 20% ABV. Por tanto, menos grado alcohólico significa más agua y, por ende, más volumen. Esta tradición tiene origen tras la guerra, cuando empezó a llegar un sinfín de producto barato y de poca calidad. Así, en 1953 se decidió dejar un porcentaje más bajo para no pagar tantos impuestos y ser competitivo.

En cuanto a Kagoshima, la explicación va un poco más lejos en el tiempo. En el s. XVII la gente de Satsuma (nombre antiguo de Kagoshima) no podía elaborar nihonshu con los mismos procesos que en el resto de territorios, por lo que empezaron a adaptar las técnicas para poder preservarlo más tiempo. Una de ellas fue la destilación, transformando la producción de nihonshu en producción de shochu. Así fueron pasando los años y la gente se fue haciendo sus destilerías en casa, produciendo también salsa de soja, miso, etc.

Esto fue así hasta el s. XIX, que se legisló la producción y sólo los operadores autorizados podían producir shochu. Así pues, para satisfacer la demanda de la zona, se crearon las destilerías más grandes y, por ende, las que ahora mismo producen mayor volumen.

Producción por materia prima

Las variaciones en cuanto a materias primas las vemos en el siguiente gráfico:

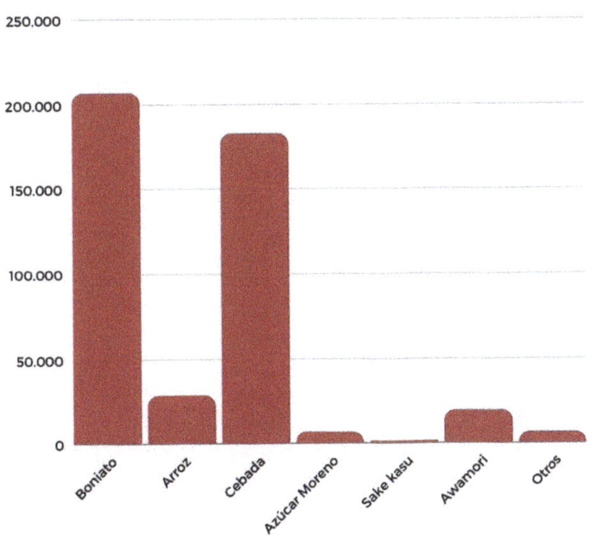

Producción por materia prima, en kL

Como se puede ver, el volumen de boniato y cebada es muy superior al de las otras materias primas, lo cual no es de extrañar si tenemos en cuenta que Miyazaki y Kagoshima, son 2 de los principales productores de estas materias primas.

Valores importación exportación

Lo que hemos visto hasta ahora es a nivel doméstico, pero ¿qué pasa con las exportaciones? Pues siguen un poco los valores de producción, lógicamente. A continuación, tienes los datos correspondientes a 2020, de la National Tax Agency de Japón, expresados en millones de yenes (100yen=0,7€ aprox).

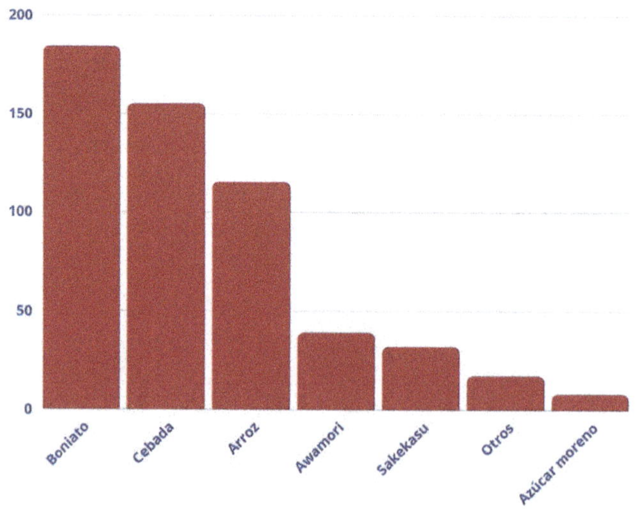

Exportaciones de shochu por materia prima (en millones de Yen)

Así pues, lo que más se exportó fue shochu de boniato, presumiblemente con carácter neutro, para empezar a colonizar las coctelerías de medio mundo, seguido de la cebada y el arroz. Los otros productos aún tienen mucho recorrido por hacer, pero eso no significa que no haya shochus muy interesantes por descubrir dentro de las categorías minoritarias.

Importancia social y cultural

La sociedad japonesa tiene muchas cosas buenas, pero no se caracterizan por ser especialmente abiertos en público, así que el shochu juega un papel importante en 3 área concretas: los festivales y celebraciones, agasajar a los visitantes y como "lubricante social".

Festivales y celebraciones

El shochu siempre ha jugado un papel importante en las celebraciones japonesas, sobretodo en la zona de Kyushu y Okinawa. ¡Desde el verano, hasta la plantación de arroz, siempre hay una buena excusa para celebrar, y si es regado con shochu, pues mucho mejor!

Festival de la plantación de arroz en Katori

Agasajar a los visitantes

Se dice que la corte de Ryukyu, en Okinawa, siempre tiene disponible awamori de 100 años, reservado en exclusiva a los visitantes más distinguidos. Aun así, este es un lujo al alcance de muy pocos, por lo que el resto de familias de Okinawa siempre tienen alguna botella de awamori envejecido para recibirte como te mereces. ¡Una costumbre digna de reyes!

Juegos y lubricante social

Existen multitud de situaciones en las que el shochu ejerce de "lubricante social". Teniendo en cuenta lo comedida que es la sociedad japonesa, sorprende que existan juegos del estilo del Pocky game, por ejemplo. Una versión adulta del plato de espaguetis de la Dama y el Vagabundo (si, el clásico de Disney) en el que 2 participantes empiezan a comer un palito con chocolate por cada extremo y quien se retire primero, debe beber un vaso de shochu.

Otro ejemplo es el "Jyan Ken Pon", la versión japonesa del "Piedra-papel-tijeras" y si pierdes, te toca beber. Pero una advertencia, ¡en Japón se toman el juego muy en serio! Te dejo un enlace[5] para que lo veas.

5 https://youtu.be/D1RZ2K7huWw

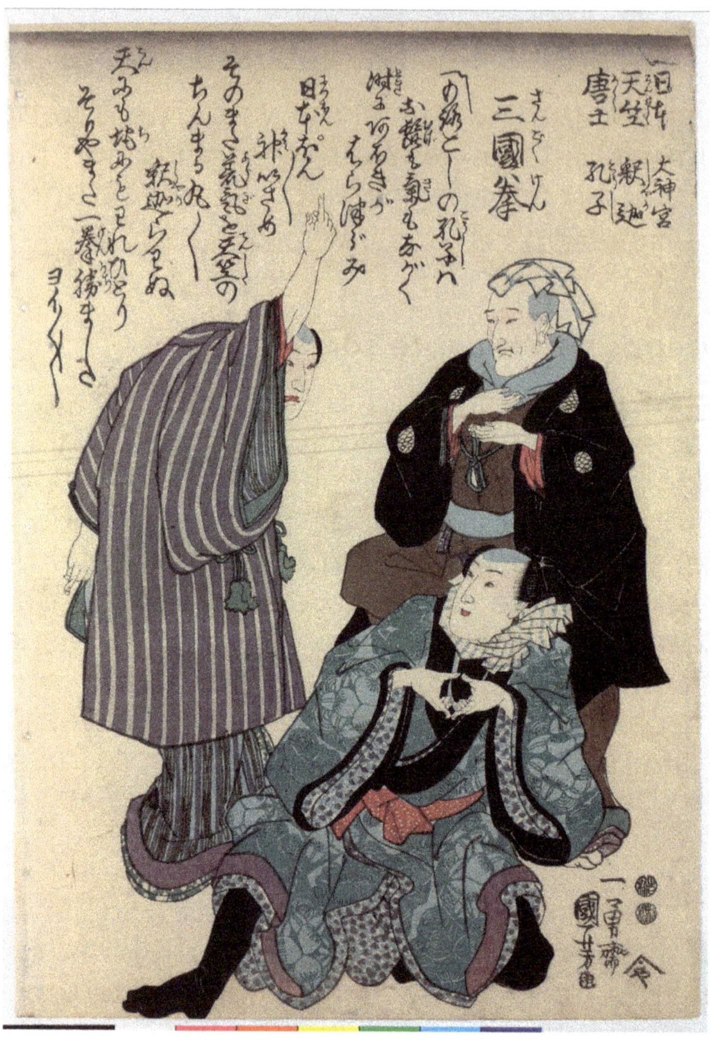

Ilustración del juego de Jyan Ken Pon (Museo Británico)

¿Cómo se elabora?

¿Cómo se elabora?

El proceso de producción del shochu, sea cual sea su estilo y procedencia, empieza siempre con un proceso de fermentación, seguido de una destilación. Vamos a ver ahora cada una de las etapas y cómo se desarrollan, así pues, las preguntas a responder son: cómo obtenemos el alcohol, de dónde lo vamos a sacar y cómo lo concentraremos.

¿Cómo obtenemos el alcohol? - La fermentación

El proceso de convertir la materia prima en alcohol se da durante la fermentación. En este caso, se usa el hongo Koji, que produce unas enzimas capaces de deshacer los almidones de las materias primas y convertirlos en azúcares, que serán fermentables por acción de las levaduras. A parte, produce ácido cítrico, por lo que favorece la conservación del fermento y lo hace menos apetecible a otras bacterias que nos estropearían el proceso.

El Koji, es, por tanto, un ingrediente esencial en la producción de shochu y lo primero que debemos hacer es reproducirlo en cantidad suficiente para poder trabajar cómodamente. Vamos a verlo en más detalle:

El Koji:

Existen tres tipos de Koji para producir alcohol, siendo todos ellos de la familia del Aspergillus.

- El Koji amarillo (A. Oryzae) es el tradicional en la producción de nihonshu, de hecho, lleva usándose desde el s. VIII. Así pues, fue el primero en usarse para elaborar shochu. El problema es que no acidifica el entorno, por lo que a principios del s. XX ya se empezó a hacer experimentos con otros tipos de Koji que facilitasen el proceso.

- El Koji negro (A. Luchensis) se ha estado usando durante más de un siglo en Okinawa, especialmente para hacer awamori. De ahí que muchas veces a este koji se le llame Aspergillus Awamori. La principal ventaja es que con este hongo se acidifica el fermento, por lo que se puede mejorar la calidad y manejo del shochu.

- El Koji blanco (A. Luchensis Kawachii) es una mutación del Koji negro, descubierta en 1918 y que presenta las mismas propiedades que el koji negro. Hay muchas kuras que prefieren usar la variedad blanca antes que la negra simplemente por un tema de facilidad en la limpieza, y es que el negro, mancha que da gusto.

Koji Blanco

A modo de resumen, en la siguiente tabla te dejo una comparativa de los tres tipos:

Koji	Amarillo	Negro	Blanco
Usos	Muy usado en la producción de nihonshu y algunos shochus	Inicialmente en Okinawa para el awamori	Variedad mutante del koji negro
Acidificación del medio	No	Si	Si
Notas que producen	Frutales y florales	Ligero dulzor y mantiene las notas de la materia prima	Suaviza e integra muy bien los sabores de la materia prima

La fermentación:

El proceso de fermentación en el shochu también es único porque se divide en varias etapas. Lo primero que debemos hacer es reproducir el koji, a continuación, una primera ronda de fermentación a la que llamaremos 1er moromi[6] y luego se hace otra ronda que es el 2° moromi.

Pero vayamos por partes. Una vez hemos seleccionado el koji, el proceso para que crezca en cantidad suficiente es muy similar a como se produce el nihonshu:

6 También se les puede llamar shikomi. La diferencia está en que el moromi es el fermento y el shikomi la acción de llenado de los recipientes

- El primer paso es pulir el arroz para eliminar la cáscara, luego se sumerge en agua, se cuece al vapor y se enfría.
- En segundo lugar, una pequeña parte de koji (que se suele comprar) se esparce por la superficie del arroz una vez está frío.
- Por último, se suele dejar unas 40 horas para que las esporas tengan el tiempo suficiente para crecer. Este tiempo se suele dividir en dos partes: una a unos 40-42°C para favorecer el crecimiento y la producción de enzimas y otra a unos 33-35°C para acelerar la producción de ácido cítrico. En este paso también se añaden las levaduras, que son las que producen el alcohol.

Representación del trabajo de reproducción del koji

El resultado de este proceso es el que comentaba al principio del primer moromi (la primera fermentación). En el caso del awamori, se destila directamente, pero si queremos obtener shochu, hay que hacer otra ronda de fermentación, que será el 2° moromi. En este paso es donde se añadirán otras materias primas.

Para situarnos en el proceso, te he hecho un pequeño esquema:

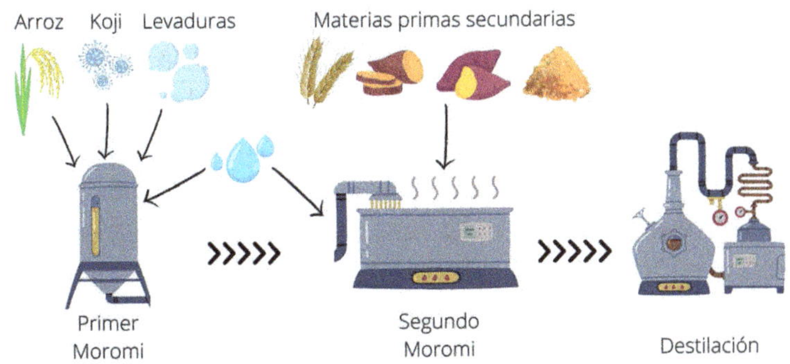

Así pues, como te decía, el awamori pasa del 1er moromi a la destilación y la diferencia principal con el shochu es que tiene que pasar por el 2° moromi, para luego destilarse.

¿De dónde obtenemos el sabor principal? - Las materias primas secundarias:

Para poder realizar la segunda fermentación, lo primero es darle "de comer" al Koji. Para ello necesitamos materias primas ricas en almidones, proteínas, celulosas, pectinas, etc.

Así pues, partimos del primer moromi, que ya tiene una estabilidad propia y las colonias de hongos y levaduras ya han crecido suficiente para poder seguir con el proceso. Haciendo un símil, vendría a ser lo mismo que hacer un pan con masa madre, que se añade la masa a la harina para poder hacer el pan. Aquí se añaden otras materias primas, pero con el mismo principio.

Como decía, una vez hemos seleccionado qué materia prima vamos a usar, para el estilo concreto que queramos crear, se añade al primer moromi. Esta materia prima se suele pasar por un proceso de vapor o de tostado antes de añadirla, así se puede degradar y fermentar más fácilmente. La elección de este ingrediente, ya sea boniato, cebada, trigo sarraceno, azúcar moreno, etc. es la que determinará el tipo de shochu que vamos a tener.

Tanque de fermentación de shochu

La segunda fermentación

Este proceso se suele dar entre 6-10 días, en los que el koji se sigue reproduciendo, junto con las levaduras que irán produciendo el alcohol.

Durante este tiempo se debe controlar muy bien la temperatura, porque por un lado favorece la conversión de los almidones, pero, por otro, nos va a influenciar negativamente en la fermentación. Así pues, se suele dejar relativamente baja para que se pueda completar todo el proceso de fermentación y se creen gran cantidad de compuestos aromáticos. Tras este tiempo, tendremos un 14-20% de alcohol, listo para destilar.

¿Cómo concentramos ese alcohol? - La destilación

Una vez tenemos el fermento listo, toca concentrar esos alcoholes y aromas que se han creado previamente.

La legislación requiere explícitamente que, tanto el honkaku shochu como el awamori, se destilen una única vez en alambique tradicional. Lo que ya no dice es el tipo de material que se puede usar. Así pues, encontramos alambiques de madera o de inox[7] (estos servirán para la destilación al vacío parcial).

Una destilación al vacío significa que se puede destilar a 40-55°C, en vez de por encima de 78,4°C (temperatura de ebullición del etanol) lo que permite crear menos cantidad

7 No se suele usar cobre como en occidente

de zonas calientes en el alambique y preservar los aromas propios de la fermentación.

Alambique de vacío en la destilería Mizuho de Okinawa

El destilado se suele recoger a menos de 45% alc. vol., por lo que, si combinamos todos los factores, encontraremos que el shochu suele ser bastante ligero y con una textura relativamente suave.

Por otro lado, se puede usar un alambique de columna para destilar en continuo. Lo que en este caso ya no tendremos honkaku shochu ni awamori, obtendremos un shochu más neutro (no del tipo honkaku), parecido al vodka.

Reposo y envejecimiento

El shochu recién destilado (llamado genshu) se suele dejar reposar entre 1 y 3 meses tras la destilación, lo que permite unificar aromas y hacer que el producto sea más suave.

Sin embargo, hay una serie de shochus, incluido el awamori, que se suelen envejecer durante un mínimo de 3 años para desarrollar sabores nuevos y mejorar el sabor.

Los métodos de añejamiento pueden ser tan simples como poner el genshu en un depósito de inox durante 3-6 meses o "complicarse" tanto como un sistema de criaderas y soleras. Pero vayamos por partes:

- Inox: se suele usar para reposos cortos, entre 1 y 6 meses, para poder reducir los aromas y sabores desagradables que hayan podido separarse durante la destilación.
- Madera: Se suele usar en algunos casos concretos, sobre todo si se quiere innovar, ya que no es para nada un sistema tradicional.
- Terracota: Se usa para añejar el kusu (literalmente significa alcohol viejo)

que es el awamori que se ha envejecido durante 3 años como mínimo con el sistema de Shitsugi, el similar a las criaderas y soleras.

El Shitsugi funciona de la siguiente forma: Se requieren un mínimo de 3 recipientes, cada uno de ellos con distintas edades. El destilado más viejo es el que se saca para consumir y ese volumen se va a reponer del 2° recipiente más viejo. Este, a su vez, se repondrá con el destilado más nuevo, de tal forma, que el recipiente del que se saca el destilado, siempre se rellena con el inmediatamente más viejo después de él.

Para muestra, un gráfico, que así se entiende mejor.

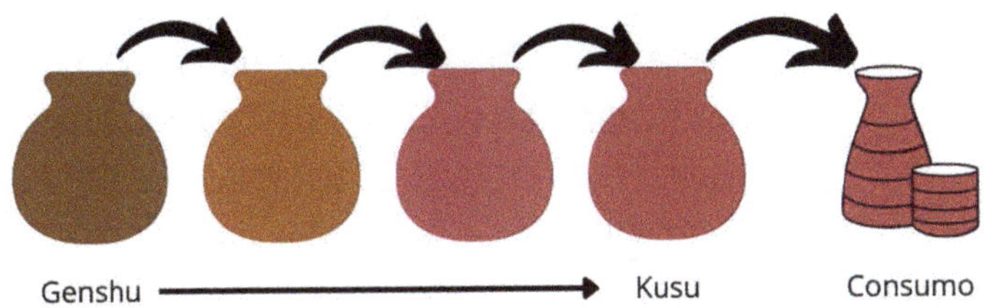

Acabados

Tanto si se envejece como si no, hay que realizar un par de acciones más antes de poder envasar:

- Burendo: Lo primero que se puede realizar son mezclas de distintos lotes (esta acción también se conoce como chogo) para asegurar una consistencia en el sabor y que no haya diferencias significativas de una botella a otra.
- Warimizu: Una vez esté en el punto óptimo, lo que se debe ver es si

el grado alcohólico es el idóneo. En caso que esté por encima de 45% se debe rebajar con agua y en caso que esté por debajo, es a gusto de la destilería, según el tipo de producto que quieran crear. Aun así, lo típico es dejarlo sobre un 25% aunque no es raro encontrar otros shochus que estén por encima.

- Roka: Es la acción de filtrado. Es un proceso que suele darse habitualmente en casi todas las destilerías y cervecerías y sirve para eliminar partículas que puedan quedar en el producto y dar un aspecto brillante y transparente. De hecho, la única vez que se suele hacer referencia a este tipo de acción es precisamente cuando no se hace, como en el caso de las cervezas sin filtrar. En este caso, en la etiqueta estará escrito muroka (sin filtrar). La diferencia es que podemos tener un producto más fino y ligero si se ha filtrado o con mayor cuerpo y carácter si se ha optado por no hacerlo.
- Por último ya sólo queda envasar. Aquí, los tamaños distan bastante de los estándares europeos, ya que suelen ser de 700ml o de 1800ml. De hecho, la de 1,8L es el estándar japonés.

Y aquí acabamos con el proceso de producción. He intentado dejarlo lo más claro y sencillo posible, pero si tienes dudas, siempre me puedes escribir a través de la web mariadelapena.com

¿Qué tipos de shochu existen?

¿Qué tipos de shochu existen?

¡Pues no es tan fácil responder a esta pregunta! El shochu se divide en distintas categorías, según cómo se elabora, según ingredientes y/o según qué se haga con él después de destilar. Así pues, un mismo shochu puede tener distintas denominaciones en función de cómo los clasifiquemos. Te las separo para que sea más fácil:

Clasificación por número de destilaciones

- **Otso-rui:** Es el shochu que se destila una vez en alambique tradicional, que es del mismo tipo que se viene usando desde el s. XIV. Suele tener graduaciones alcohólicas relativamente bajas y es elegante en nariz y rico en sabores. Como es la forma tradicional de hacer el shochu, incluye el awamori y el honkaku shochu. Este último significa literalmente que es "el bueno/el original" y es básicamente de lo que estamos hablando durante toda esta primera parte del libro. A veces, los términos otso-rui y honaku shochu son intercambiables, por significar prácticamente lo mismo.

- **Ko-rui (a veces llamado Ko-class):** Es el sochu inventado a mediados del s.XX, elaborado por destilación contínua, en alambique de columna. Este tipo de shochu suele ser similar a un vodka, con purezas más altas que el otso-rui y mucho más neutro. Se debe diluir para envasar a no más de 36% de alcohol, lo que refuerza su neutralidad y lo hace ideal para coctelería. Suele servir de base para el umeshu, un tipo de licor de ciruela japonesa bastante conocido.
- **Konwa**: Es una mezcla de los dos anteriores. Existen 2 categorías en función de las proporciones. La primera, si la mayoría es otso-rui y la segunda, si la mayoría es ko-rui.

Distintos tipos de shochu en una licorería

Clasificación según operaciones tras la destilación:

- **Genshu**: Literalmente significa crudo. Es un tipo de shochu que no se diluye tras la destilación y debe tener entre 36-44% de alcohol. Suele ser fuerte en aromas y sabores, por lo que, como norma general, se suele diluir antes de beberlo. Puede ser tanto ko-rui como otso-rui.
- **Hanatare**: Es uno de los shochus más raros. Se trata del 2-3% inicial que sale del alambique y que tiene entre 44-60% de alcohol. Se suele tomar muy frío y sin diluir.
- **Muroka**: Como hemos visto en el

apartado anterior, es un shochu que no ha sido filtrado tras la destilación.

- **Kusu**: También lo encontrarás escrito como koshu y kushu. Es un tipo de shochu añejado durante al menos 3 años. Es un proceso que aumenta mucho la cantidad de umami.

Túnel de añejamiento de shochu

Clasificación por ingredientes:

Aquí llegamos a "EL TEMA", si si, en mayúsculas. Hasta ahora hemos estado viendo el proceso (más o menos común a todos los estilos), que se pueden usar distintas materias primas y hemos nombrado algunas de ellas:

boniato, arroz, azúcar moreno, etc. El problema es que hay ¡más de 50! Algunos ejemplos: sésamo, calabaza, zanahoria, shisho, etc., etc. Pero no te asustes, que sólo vamos a ver los principales, que mi idea no es agobiarte a base de información.

Así pues, empezando por los principales shochus, tenemos que, aparte de dividirse por ingredientes, también se dividen por zonas y que éstas cuentan con denominación de origen. A continuación, te dejo la localización de las distintas IGP en la isla de Kyushu.

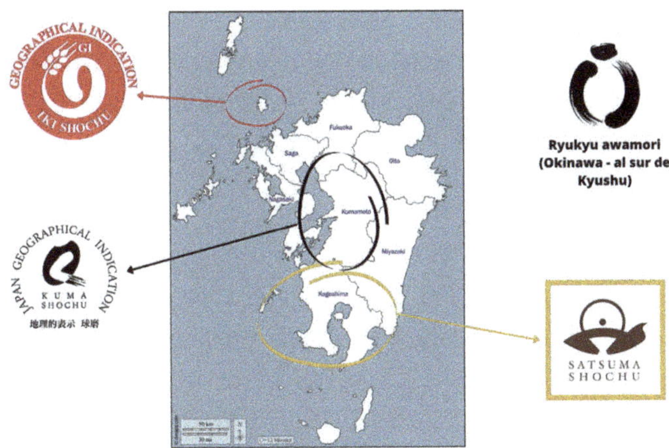

Distribución de las distintas IGP en la isla de Kyushu

Estas indicaciones geográficas tienen el objeto de preservar una tradición en una zona concreta y cada una de ellas parte de una materia prima distinta. Por eso, vamos a ver los ingredientes y hablaremos de cada una de estas zonas en la región correspondiente. Así que ¡abróchate el cinturón que toca viajar! Y por cierto, si quieres ver sugerencias de shochus, pásate por la web mariadelapena.com, que seguro que encuentras algo interesante.

Cebada (Mugi Shochu)

Los humanos llevamos milenios usando cereales para hacer pan y cerveza. Así pues, el paso lógico después de descubrir las bondades del alambique era empezar a destilar esa cerveza que ya sabían hacer. Este proceso se cree que se inició, sobre todo de la isla de Iki, que veremos ahora a continuación, pero no es la única que lo produce. También lo podemos encontrar en la zona de Oita, aunque esta, ya no cuenta con IGP.

Iki shochu 壱岐

La isla de Iki se encuentra en la prefectura de Nagasaki, y forma parte de un archipiélago de 24 islas. Históricamente ha sido un lugar estratégico en cuanto a comercio debido a su proximidad con Korea, por lo que sus registros más antiguos datan del s. III. A parte, si recuerdas la sección de historia, se cree que el alambique entró en Japón a través, precisamente, de esta isla.

Tiene un clima oceánico, con lluvias en Junio y Julio y tifones en otoño. A parte, es relativamente cálido, con una media de 16°C a lo largo del año, por lo que es ideal para cultivar arroz y cebada en los mismos campos. Esto significa que del cultivo de arroz de primavera a otoño damos paso a la cebada de otoño a primavera.

Campo de cebada para shochu

Las características del mugi shochu de la isla de Iki son variadas, pero lo que lo define, por encima de todo, es su balance. Se suele usar una proporción 1:2 de arroz-cebada, lo que le proporciona su sabor y aroma distintivos. A parte, el agua local que se usa es rica en minerales, lo que ayuda en la fermentación y favorece la creación de aromas y sabores.

A continuación, te dejo un resumen de esta zona:

Iki Shochu

Área Geográfica	Materias primas	Reglas de producción	Nº de destilerías
Isla de Iki, prefectura de Nagasaki	Cebada (Mugi) Koji (proporción 1:2) Agua de la ciudad de Iki, en la prefectura de Nagasaki	Se debe producir, almacenar y envasar en la ciudad de Iki Se debe partir sólo de agua, arroz y koji, luego se añade cebada y agua y se destila en alambique tradicional	7

Oita shochu

En cuanto a la zona de Oita, esta se encuentra en el noreste de la isla de Kyushu y se caracteriza por sus grandes bosques y su actividad volcánica. Aquí se cultivan distintas variedades de cebada, sobretodo la Nishinohoshi, que cubre el 90% de la producción. Aun así, la cebada especial es la Toyonohoshi, que es una varidad desarrollada específicamente para producir shochu.

Por otro lado, Oita cuenta con el único shochu hecho 100% con cebada, sin incluir nada de arroz. En este caso, se trata de una bebida suave, con un sabor ligero, que se suele destilar en alambique de vacío, lo que permite mantener unas notas más dulces de almendras tostadas, chocolates y pan tostado.

Boniato - Imo shochu

Según se dice en el sector, el shochu de boniato representa una ironía bastante divertida en cuanto a terroir en el mundo de los destilados. ¿El motivo? que un destilado de boniato japonés tenga IGP cuando el boniato no es originario de Japón, es, cuanto menos, sorprendente.

Distintas variedades de boniato

De hecho, el cultivo llegó en 1705, procedente de Sudamérica y se descubrió que se adaptaba muy bien al suelo volcánico de la prefectura de Kagoshima. Ahora es un cultivo que se ha extendido por todo Japón, pero está presente, sobretodo, en la zona de Kagoshima, Ibaraki y Miyazaki.

Igual que en el caso de la cebada, tenemos una "estrella" en cuanto a volumen, que es el boniato Kogane sengan y luego una creación específica del Centro de Investigación en Agricultura de Kyushu Okinawa, llamada Joy White. Este boniato se creó en 1994 para aportar una buena cantidad de almidón y un sabor más suave y frutal que las otras variedades.

Satsuma shochu 薩摩

Satsuma es el nombre antiguo de Kagoshima y se sitúa en la parte sur de la isla de Kyushu. Se caracteriza por una actividad volcánica muy agitada, de hecho, hubo 432 erupciones del Sakurajima tan sólo durante 2020.

En esta zona de la isla hay 3 climas distintos, teniendo principalmente una parte templada y sub-tropical y otra fría hacia el interior, por lo que este tipo de cultivo se adapta muy bien.

En cuanto al shochu, existen 3 variedades en esta zona: boniato, azúcar moreno y cereales, pero la IGP sólo hace referencia al imo shochu, el de boniato.

Organolépticamente tiene mucho que ver con la variedad de boniato elegida, pero suele ser dulce, complejo, con notas florales y de fruta de hueso y tiene textura suave.

Igual que en el caso anterior, te dejo un resumen de la IGP de Satsuma Shochu.

Satsuma Shochu

Área Geográfica	Materias primas	Reglas de producción	Nº de destilerías
Prefectura de Kagoshima, excepto la ciudad de Amami y el distrito de Oshima	Boniatos producidos en Kagoshima Koji de arroz o de boniato Agua de la prefectura de Kagoshima	Se debe elaborar, almacenar y envasar en Kagoshima Hecho con una mezcla de koji, boniato y agua.	89

Arroz - Kome shochu

Si te digo que el arroz tiene una importancia enorme en la cultura japonesa, no te estoy descubriendo nada nuevo. De hecho, es la principal fuente de alimento y, en el kome shochu y el de tipo kasutori/sake kasu (que son las lías del nihonshu), no iba a ser diferente. Es el único almidón que se va a usar para realizar la fermentación, así que aquí no hay nada más que arroz, koji y agua.

Por otro lado, tampoco creo que te sorprenda el hecho que existen infinidad de variedades de arroz. Pero lo que supongo que ya no sabes es que no todos se pueden usar para hacer shochu, ni se pueden tratar de la misma forma. En el mundo del nihonshu, es posible que hayas oído eso de que, a mayor pulido del arroz, mayor calidad (¡y precio!). Así pues, un pulido del 50% será más caro que otro del 70% porque el rendimiento es menor (quitas más parte del. Pues bien, en el shochu, realmente no importa mucho y el nivel de pulido conserva el 85-90% del grano, porque lo relevante es que el arroz tenga buen sabor.

En cuanto al tipo de arroz utilizado, suele ser de tipo japonica (el corto y redondito) en la zona de Kyushu y del norte y, por otro lado, del tipo indica (el largo tipo thai) en las islas del sur, en Okinawa, para hacer awamori. Aun así, el awamori, lo veremos a continuación, quédate sólo con el kome shochu.

Arroz tipo japonica

Arroz tipo indica

Kuma Shochu 球磨

La zona de Hitoyoshi Kuma tiene una historia bastante peculiar, porque estuvo dominada por la misma familia durante unos 700 años, lo cual no es para nada habitual. Aun así, esta estabilidad permitió que la zona desarrollase un comercio importante y se cree que es así como llegó el alambique a esta región. De hecho, el "grafitti" del templo de Koriyama Hachiman se hizo en esta zona.

Posteriormente en 1657, el gobierno local legisló la producción y requirió que los productores de shochu tuviesen suficiente stock para vender. Esta directiva hizo que proliferase el mercado negro y la producción para "consumo propio", aparte de empezar a experimentar con otros granos para evitar sanciones. Aun así, la producción no regulada se prohibió definitivamente en 1898.

Las cosas se mantuvieron bastante estables hasta la primera mitad del s. XX, que se reemplazó el arroz sin pulir por el pulido, se empezó a usar el koji negro y el blanco y sobre los años 70, la producción de genatsu (destilado a baja presión) empezó a ser la norma.

Con todo esto, no es de extrañar que el kome shochu de la región de Kuma sea ligero, refrescante, ligeramente dulce y de textura suave. Si se destila en alambique tradicional, entonces se vuelve más complejo, con notas de cereal y con más cuerpo.

Como en los casos anteriores, aquí tienes el resumen de la IGP:

Kuma Shochu

Área Geográfica	Materias primas	Reglas de producción	Nº de destilerías
Distrito de Kuma y la ciudad de Hitoyoshi, en la prefectura de Kumamoto	Arroz cultivado en Japón, agua de la prefectura de Kumamoto y koji (generalmente blanco)	Se debe elaborar, almacenar y envasar en Kumamoto Hecho con una mezcla de koji, arroz y agua. Tiene 2 moromis igualmente	27

<u>Ryukyu Awamori 琉球</u>

Seguimos con el arroz y nos vamos a Okinawa, antiguo reino de Ryukyu. Este archipiélago de 160 islas se sitúa en la parte sur de Japón, a unas 3h de vuelo de Tokio. Hoy es el principal destino turístico de Japón por su clima subtropical, playas de ensueño y una historia de comercio sin igual en el resto del país.

Playa de Okinawa

En estas islas siempre se ha elaborado awamori con productos locales, pero en la era Meji (1868-1911) se empezó a experimentar con otras materias primas importadas. Aun así, hoy en día, la IGP sólo es válida pra el shochu elaborado con arroz, koji negro y agua de Okinawa. Otra de las peculiaridades es que en este caso sólo se realiza un moromi y se destila directamente, dejándose sobre los 30% vol. alc.

Aquí también es típico el kusu, el awamori envejecido en sistema de shitsugi. Por lo que los sabores van a distar bastante de los típicos del kome shochu. De hecho, existe una... llamémosle clasificación tradicional, en la que se separa en base al tipo de aroma que se obtiene, que va desde la "ciruela blanca" hasta el "macho cabrío" (literalmente). No voy a intentar describirlo porque es suficientemente gráfico, pero sí que te diré que predomina el umami, las setas y que es rico y complejo.

Lo que debes tener en cuenta cuando hablemos de kusu es que no tiene nada que ver con la idea de envejecimiento de los occidentales. Aquí estamos muy lejos de un whisky, un ron o un cognac, puesto que no se usa madera durante el proceso, se usan vasijas de terracota.

Ah, y para que sepas con qué te las juegas, este es el kanji para los años 年 (que se lee nen), así que cuantos más nen, más complejidad y, lógicamente, ¡mayor su precio!

Y como en casos anteriores, el resumen de la IGP, para que lo tengas todo claro:

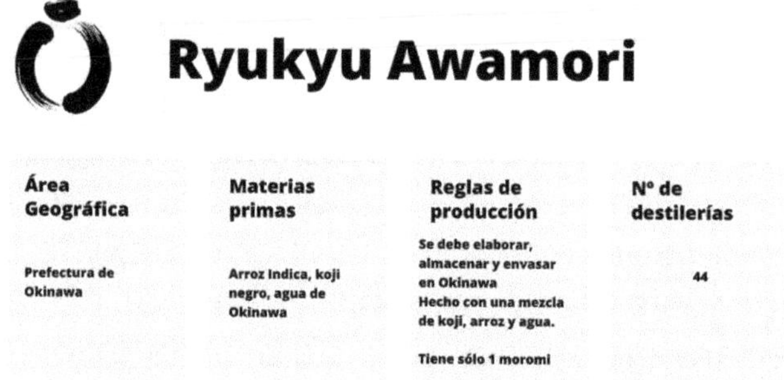

Ryukyu Awamori

Área Geográfica	Materias primas	Reglas de producción	Nº de destilerías
Prefectura de Okinawa	Arroz Indica, koji negro, agua de Okinawa	Se debe elaborar, almacenar y envasar en Okinawa Hecho con una mezcla de koji, arroz y agua. Tiene sólo 1 moromi	44

Azúcar moreno - kokuto shochu

El shochu de azúcar moreno es muy típico de las islas Amami, a mitad camino entre Kagoshima y Okinawa. Como estamos en zona subtropical, no es de extrañar que la caña de azúcar sea uno de los cultivos habituales, y, por consiguiente, que se elabore azúcar. De hecho, las lluvias de mayo-junio y los tifones de mediado-final de verano, le proporcionan el clima ideal para su desarrollo.

Azúcar moreno para kokuto shochu

Después de la era Meji, abrió la primera destilería de Okinoerabujima, pero luego, durante de la guerra y bajo el dominio americano, fue casi imposible destilar nada por la falta de materia prima. Hasta que no se recuperó el dominio japonés en 1953, no se siguió destilando lo que se identificó como ron. El problema es que usaban koji, que no es para nada un ingrediente del ron, por lo que posteriormente se tuvo que hacer la distinción legal.

El kokuto shochu es un destilado complejo, rico y fresco al mismo tiempo, que complementa perfectamente con el plato típico de las islas Amami, a base de cerdo. Actualmente se está buscando un estilo más ligero, con la destilación al vacío, pero se sigue prefiriendo la riqueza de matices de la destilación tradicional.

Otros estilos

Otros tipos menos conocidos incluyen el sakekasu (las lías del nihonshu), té verde, sésamo (posiblemente mi favorito), castaña, aloe, shiitake, leche, alga kombu, cactus y cebolla, por nombrar algunos. Por otro lado, el shochu también sirve de base para multitud de licores infusionados, como pueda ser el umeshu, que es el famoso licor de ciruela japonesa.

Sakekasu, las lías del nihonshu

Para acabar, esta sección, te he hecho una comparativa de los tipos principales de shochu, que sé que es mucha información de golpe y así lo puedes ver más claro:

	ARROZ LARGO	ARROZ CORTO	BONIATO	CEBADA	AZÚCAR MORENO
Nombre japonés	Awamori	Kome	Imo shochu	Mugi Shochu	Kokuto shochu
Indicación Geográfica	Ryukyu Awamori	Kuma Shochu	Satsuma	Iki Shochu	Sin IGP
Ubicación	Okinawa	Kumamoto	Kagoshima	Isla Iki en Nagasaki	Islas Amami
Aromas principales	Vainilla, ahumado, umami	Afrutado, arroz, manzana, cereal	Violetas, fruta de hueso, floral	Cereal, fruta, manzana, frutos secos	Fresco, herbáceo Azúcar moreno
Estilo	Awamori	Kome	Depende mucho del tipo de boniato usado	Con cuerpo y con marcadas notas de cereal o ligero si se destila al vacío	Sin envejecer recuerda a un ron agricole. Envejecido, ron añejo, sin las notas de madera
Comentarios	1 moromi	2 moromis Destilación al vacío	Destilación atmosférica	Destilación atmosférica/vacío	Destilación atmosférica

¿Cómo se bebe?

¿Cómo se bebe el shochu?

Ahora que ya hemos visto qué tipos de shochu hay, que no son pocos, las siguientes preguntas son: ¿cómo se bebe? ¿Cómo se mezcla? ¿Se marida? La respuesta a todas estas preguntas, a continuación.

Pero antes de saber cómo tomarlo, debemos comprarlo, por eso te dejo aquí una guía rápida de compra, para que no te den gato por liebre o busques un estilo concreto y te vayas a casa con algo que no sabes ni por dónde cogerlo.

¿Cómo se compra?

Lo primero que debes saber es que según dónde lo compres y la procedencia puede indicar unas cosas u otras en la etiqueta. Por ejemplo, y esto es habitual si ha pasado en algún momento por USA, en la etiqueta es probable que esté escrito como Soju (el coreano) en vez de shochu. No vamos a entrar en los detalles, pero es un tema de importaciones y licencias de bebidas en USA.

Para muestra la siguiente imagen, que, como ves, pone producto de Okinawa, Awamori, etc., pero en la esquina inferior derecha está escrito como "soju".

Aquí lo importante es ver de dónde viene, puesto que si es de Japón será shochu o awamori y si viene de otros sitios, será otro tipo de bebida.

A parte de eso, debes buscar estos caracteres y por ahí irás bien, ya que a no ser que hables/leas japonés, puede ser un poco confuso.

焼酎
【Shochu】

¿Cómo se sirve?

Existen infinidad de formas y momentos para beber shochu. Se puede tomar como aperitivo, acompañando las comidas o como digestivo. De hecho, no sólo eso, si no que con la variedad de estilos que tenemos, además es muy versátil.

Cuáles son las distintas formas tradicionales de tomarlo y su elección, dependerá del momento del día, de la temperatura ambiente y de si se toma sólo o si se marida.

Así pues, tenemos:

Sutoreito

Es la forma directa de consumirlo. ¡Se abre la botella y listo! El tipo de vaso es a libre elección, puede ser un vaso de agua, una copa de vino, etc. Por otro lado, la temperatura de servicio también se puede modificar, puesto que, en un caluroso día de verano, apetece meterlo un rato en la nevera o el congelador.

Set tradicional de servicio de shochu, con una “gara” (la jarra) y dos “choku” (los vasos)

Rokku

En este caso sólo hay que añadir hielo al gusto. Pero hay un par de puntos a tener en cuenta: por un lado, el hielo va a bajar la temperatura, lógicamente, y va a hacer que algunos aromas sean menos evidentes porque volatilizan menos. Por otro ado, baja el grado alcohólico a medida que el hielo se va deshaciendo y va a modificar la textura del shochu que estemos tomando.

Rokku shochu

Mizuwari

Mizu significa agua y wari es mezcla, así pues, esta forma de tomarlo es simplemente añadiendo agua fría al shochu. Las proporciones pueden variar, pero un estándar es el roku yon, que es 6:4. Esto también se puede ver afectado por el hecho que se añada hielo o no, puesto que, si se quiere añadir, igual es mejor estar en la proporción de 3:7 para no diluir el shochu en exceso.

A parte de esto, es la opción típica para maridar con comidas, ya que una dilución 6:4 va a bajar el grado alcohólico a 15% (similar a un vino) y si hacemos un 5:5 estamos en 12,5%.

Sodawari

Una variación del mizuwari es con gaseosa o cualquier tipo de agua carbonatada. Este es un estilo muy típico durante el verano. Se pueden mantener las proporciones que acabamos de comentar y el efecto del gas permitirá liberar algunos aromas que estén retenidos por temas de temperatura.

Oyuwari

Es el mismo concepto que el mizuwari, pero con agua caliente. Esto va a provocar exactamente la misma reacción que el mizuwari, pero el hecho de que el agua esté caliente, ayuda a liberar algunos aromas del shochu. Este método es especialmente popular durante los meses fríos de invierno, ya que permite entrar rápidamente en calor.

Shochu servido oyuwari con la “kuro joka” (tetera) tradicional

Aquí hay que tener dos cosas claras: la primera es que el agua debe estar sobre los 70-80°C para que, al servirse, baje hasta los 40-50°C. La segunda, es que en este caso se añade primero el agua en la taza y luego se añade el shochu, ya que los movimientos naturales que provocan las distintas densidades y temperaturas harán que se mezcle directamente.

Ochawari

Igual que comentaba con el sodawari, una variación del oyuwari es usar té en vez de agua caliente. Los más populares son el oolong y el té verde, pero dependerá del tipo de shochu usado. Así pues, una recomendación interesante es: kome shochu con té verde o imo shochu con oolong.

Té oolong para ochawari

Cocktails

Este es un tema que da para otro libro, puesto que dada la variedad de shochus que existen y las infinitas permutaciones que se pueden obtener en coctelería, es imposible cubrirlo de una forma lógica y normal. Así que no vamos a entrar en detalle. Sólo te diré que es una forma muy fácil para empezar a introducir este tipo de bebidas en los mercados occidentales y que está subiendo como la espuma.

¿Cómo se guarda?

Una vez hemos comprado el shochu y nos hemos puesto a experimentar con las distintas formas de beberlo, si aún queda algo en la botella, hay que ver cómo se guarda.

Aquí hay un concepto que no se suele tocar mucho cuando se hable de bebidas destiladas porque "como tienen más de 20% de alcohol, no se estropean". Y la verdad es que, sí y no. Me explico. Todo lo que pasa de los 20% ABV, legalmente, no tiene una fecha de consumo preferente y/o caducidad, porque se supone que el alcohol es auto-conservante. Lo que no evita es que el producto evolucione, de oxide, etc.

Así pues, una botella abierta, que tenga espacio para el oxígeno irá evolucionando con el paso del tiempo y esto es categórico y válido para todos los destilados. De hecho, mi consejo es que, si no te vas a acabar una botella y no la vas a consumir en bastante tiempo, pases el contenido a un recipiente más pequeño que deje el líquido en contacto con menos oxígeno.

Dicho esto, el tiempo de consumo no tiene por qué ser de un día para otro y se puede beber habitualmente sin tener que hacer nada extraordinario, por tanto, las recomendaciones lógicas para mantener la calidad del shochu en un periodo corto son:

- Evitar la luz directa para frenar la oxidación.
- Evitar las fluctuaciones de temperatura drásticas. Lo del lugar fresco y seco en este caso en mano de santo.
- Evitar la nevera. Una cosa es poner las botellas a enfriar en un momento dado y la otra es guardar de forma habitual el shochu en la nevera. Puede reducir la turbidez (lo que se conoce como cold crash), pero no es aconsejable para periodos largos de tiempo.
- Evitar los lugares con aromas fuertes para que no se "contamine" el shochu.

¿Qué hacer si se ha estropeado el shochu?

Si has mantenido todas las precauciones (o no) y tienes una botella de shochu que huele raro o que tiene un poso sospechoso en el fondo, puede ser que se haya estropeado. Esto no significa que sea perjudicial, sólo que puede tener sabores un poco raros.

Lo que de buenas a primeras puedes hacer es ver si se puede beber o no y en caso que no sea lo ideal, se puede usar para cocinar. En este caso, se usa igual que el vino o el brandy y vamos a conseguir realzar el umami y potenciar algunos platos. Aquí ya, saca tu vena creativa y ¡a ver qué sale!

ちくわと
青ネギ焼め
400えん
いわしの丸干し
¥500
銀鱈
ポテトサラダ
おいしいよ!
辛口

¿Cómo se marida?

¿Cómo se marida el shochu?

Como hemos visto el shochu es una bebida que ofrece múltiples posibilidades a la hora de disfrutarla, ya sea fría, caliente o mezclada con otras bebidas. Así que, en este apartado, veremos cómo maridar shochus correctamente según sus materias primas, estilos y formas de servirlo.

Lo primero que debemos saber es cómo describirlo para que estemos en la misma página. A continuación, tienes la rueda de los aromas del shochu y el awamori de la Universidad de Ryukyu y el Instituto Nacional de Tecnología de Okinawa. Y si, sé que está en inglés, porque en japonés ya nos costaría un poco más. Pero no te preocupes que te la cuento (si ya sabes cómo usarla y vas bien con el nivel de inglés, te puedes ir al siguiente punto, en caso contrario, aquí tienes una pequeña masterclass de cata).

Shochu & Awamori Flavor Wheel

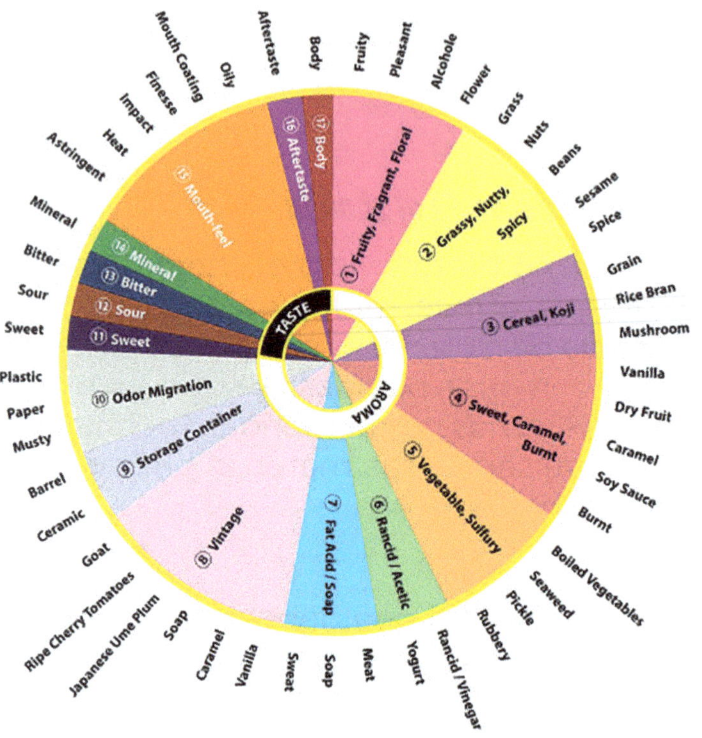

Aquí podemos ver que se ha dividido en los aromas y los sabores, que son los círculos interiores en color blanco y negro, respectivamente.

Si continuamos hacia el exterior tenemos las categorías y luego los descriptores. Así pues, empezamos por el numero 1 y tenemos los aromas frutales y florales. Aquí tenemos los aromas de frutas, como puedan ser plátano, mango, melón, etc. Pasamos luego a la parte de "pleasant" que son aromas agradables como el de etil caproato (que huele a manzana) o de acetato isoamílico (que huele a plátano), luego los alcoholes y las flores.

En el número 2 tenemos los herbáceos, frutos secos y especias, con algunos ejemplos que incluyen: hierba, almendra, sésamo, canela o clavo.

En el 3 está la parte de los aromas de cereales y koji, que pueden incluir harina, arroz, setas, etc.

Seguimos con los aromas y nos vamos al número 4, con la familia de los dulces, caramelos y tostados. Algunos ejemplos son: vainilla, fruta seca, caramelo, miel salsa de soja y tostados.

En la parte de los vegetales y azufres, el número 5, tenemos: vegetales al vapor, algas, encurtidos y goma. En este caso la goma/caucho es el típico de los azufres y suelen estar más o menos presentes por el tipo de alambique que se suele usar. En occidente usamos alambiques de cobre para contrarrestar la presencia de compuestos sulfurosos en los destilados. Aquí es complicado por el simple hecho que la madera y el inox no evitan que llegue al producto final.

El número 6 es el de los rancios y acéticos. Aquí salen los aromas ácidos y de yogur o queso. Estos están más presentes en los shochus y awamoris con un envejecimiento un poco prolongado ya que se suelen considerar aromas terciarios.

En el número 7 seguimos en los terciarios con aromas a ácidos grasos y jabonosos. Aquí tenemos aroma a carne, jabonoso y de aceite oxidado.

En la parte de los añejados seguimos por el número 8, siendo este el apartado del "macho cabrío" que comentábamos en el capítulo anterior. En esta categoría tenemos aroma de vainilla, caramelo, miel, ciruela blanca y como comentaba, a cabra macho.

Por último, el número 9 y 10 hacen referencia al tipo de recipiente usado en el añejamiento, sea cerámica o madera y a moho, papel mojado, respectivamente.

Los sabores, tenemos, lógicamente, los clásicos, dulce, amargo y ácido, luego está la mineralidad (como chupar una piedra). No hay que confundir los sabores con la sensación en boca, que tenemos: astringente (que reseca la boca), picante, las sensaciones (áspero, suave, viscoso, aceitoso) Y por último el final, que puede ser largo o corto en función del tiempo que podemos identificar los aromas.

Explicado todo esto, ya puedes saber cómo describir un shochu y un awamori y hacer un ejercicio un poco más completo que el "me gusta, no me gusta". Básicamente te lo pongo así porque si tienes que describir algún sabor o quieres buscar ideas de maridaje más allá de las que te propongo, saber por dónde van los tiros y poder identificar aromas concretos te será de gran ayuda. ¡Tómalo como el Google Maps del sabor!

¡Ah! Un último apunte en este caso: Si ves que un destilado tiene aromas frescos y florales rara vez tendrá terciarios (y viceversa), por lo que no es necesario que vayas uno por uno a ver si lo encuentras.

Maridaje por estilos:

Vamos a empezar por lo difícil, así que imagina esta situación: algún conocido tuyo va a Japón y te trae una botella de shochu porque sabe que te gusta. Pero (siempre hay un pero) tu japonés es bastante limitado, no puedes descifrar qué pone en la etiqueta y no sabes de qué es. ¿Cómo lo maridas? ¿Un buen plato de sushi? ¿Un curry? ¿Un tonkatsu? ¿Una pizza margarita? No te preocupes, te lo desvelo a continuación.

Ligero y afrutado:

En este caso, estaremos en un shochu que se podrá tomar bien en forma de sutoreito (sólo), sodawari (con gaseosa) o rokku (con hielo). Posiblemente estemos delante un shochu de arroz, por lo que deberemos buscar alimentos con sabores suaves y delicados, que nos complementen bien esas notas ligeras.

Orientativamente, te puedes ir a platos de pescado, arroz, frituras y verduras, como, por ejemplo: sushi, edamame, platos a base de tofu o incluso con miso.

En una aproximación más europea, los quesos frescos o de corteza blanca y cremosos también son una buena opción. Aquí estaríamos en la familia de la mozzarella, el Camembert de Normadía o el Brillant-Savarin. Y si no te quieres complicar la vida, unos pepinillos y unas aceitunas. Suena simple y lo es, pero a veces, en la simplicidad está a gracia.

Seco y neutro

Aquí podemos estar delante de un shochu de cereales, igual un mugi de la prefectura de Nagasaki. Técnicamente sería como maridar un vodka y puede ir bien con casi cualquier cosa, así pues, vamos a jugar: las frituras son una buena opción, ya que cortarán la grasa a las mil maravillas. ¿Por qué no probar con unas patatas fritas? ¿Unas croquetas? Pues también es una buena opción. ¡Y no podía faltar la tempura!

Si nos vamos a otras opciones, el salmón ahumado, el caviar o unas palomitas de maíz también pueden funcionar bien. ¿Qué quieres queso? Pues también hay opciones (al fin y al cabo, mi mujer es francesa, ¿Qué esperabas?) Pues aquí tienes que ir a queso tipo Comté, Irati o cualquier opción de leche de oveja con un curado medio.

Tipo turbio

Existen varios shochus que tienen cierta turbidez, esto se debe a que no se han filtrado, como vimos en el capítulo de la elaboración. En este caso estaremos delante de un producto con mucho umami, con notas pronunciadas de koji y puede ser de dos tipos: más frutal o más cereal.

Aquí podemos estar delante de un kokuto shochu, por ejemplo (casi seguro si tiene cierto dulzor). Por eso puede funcionar bien con alimentos como las ensaladas, el yakitori (los pinchos de pollo) o la panceta. También un poco de pasta con mozzarella puede funcionar bien.

Y siguiendo con los otros quesos, prueba con el típico rulo de cabra con ceniza. Ya me lo agradecerás luego.

Alto grado alcohólico

Estos shochus se suelen dejar madurar durante algún tiempo, por lo que tendremos aromas terciarios, como los descritos antes. Es difícil decantarme por un sabor concreto, porque, al fin y al cabo, es elección de la destilería, así que te doy la idea general:

Suelen funcionar muy bien con platos picantes, noodles o unos espaguetis carbonara con mucha pimienta. También podemos irnos a la comida china o una pizza, ya que el alto nivel de grasa de este tipo de cocina, se equilibra muy bien con las bebidas con un grado alcohólico elevado.

Y si, no me dejo los quesos: Si conoces el Époisse, este es tu maridaje ideal para un kokuto shochu de las islas Amami. Es de tipo piel lavada y es un queso con la corteza naranja, con un sabor muy potente y concentrado.

Añejados

Aquí estaremos, muy posiblemente, en la zona del awamori o, si tiene algo de color, en los shochus envejecidos en madera. Por tanto, estaremos con notas de vainilla, frutos secos, etc.

Pruébalo con un Roquefort, un Cabrales o cualquier queso azul con un sabor fuerte y potente. A parte, en este caso, te recomiendo que lo tomes o sutoreito o rokku para no diluir los sabores en exceso. También puede funcionar con ahumados, bacon o carne a la parrilla, que complementarán muy bien las notas de madera que aporta el añejamiento en barrica.

Y no te creas que me olvido, también hay... ¡postres! (si, que el queso ya lo hemos visto un poco más arriba). Los chocolates son mi debilidad y una opción excelente, así como los postres con café, una tarta de manzana o un helado de vainilla.

Maridaje por materia prima:

Ahora que hemos visto lo difícil, vamos a lo fácil, que es cuando ya sabes de qué es el shochu o sabes lo que vas a comer y quieres regarlo con algo que funcione bien.

Imo (boniato)

A nivel de recordatorio: es rico, potente y ligeramente dulce.

Puede funcionar bien con comida china, una barbacoa koreana o cualquier plato con un nivel de grasa y sabor elevado. Aquí podríamos poner también la pizza, un chuletón o una tabla de quesos potentes.

Otra buena opción son los postres o chocolates.

Kokuto (azúcar moreno)

Este es afrutado y ligeramente dulce. Puede funcionar bien con ensaladas, yakitori (pincho de pollo) o, como veíamos en el apartado anterior, platos de cerdo. También es buen compañero de los platos con salsa de soja.

Mugi (cebada)

Este shochu tiene un carácter más bien neutro, con notas herbáceas y de frutos secos.

Funciona bien con carnes magras como el pollo, los ahumados y los vegetales. También es buena opción, el salmón ahumado o pescados a la parrilla o algunas frutas.

Kome (arroz)

El kome shochu es muy ligero en cuanto a aromas, por lo que se recomienda tomarlo con platos que no sean muy potentes. La parte positiva es que realzará el umami del plato que sea.

En este caso, un sashimi, platos de arroz poco condimentados o un sushi pueden funcionar muy bien. También pescado marinado con miso o un plato con tofu pueden ser buenas opciones.

Awamori:

El awamori tiene un aroma y un sabor particular, fruto de su proceso de producción distinto a los otros shochus. Puede funcionar bien con platos con cerdo, con comidas especiadas o consistentes y con quesos de tipo cremoso o cabra. También puede funcionar bien con una lasagna, por ejemplo, o un tonkatsu.

Preguntas frecuentes

Preguntas frecuentes

He intentado cubrir todos los aspectos importantes de la producción y consumo de shochu y awamori, pero siempre están las típicas preguntas que se suelen hacer y que pueden quedar un poco en el aire. Así pues, en esta sección he intentado cubrir las más habituales, pero si tienes más dudas, escríbeme a través de mariadelapena.com y ¡te contestaré encantada!

Puedes acceder directamente aquí:

¿Cuáles son los tipos de shochu principales?

Los principales son el honkaku shochu (de lo que se habla en este libro) y el korui shochu, que es el destilado en continuo.

¿Qué grado alcohólico tiene típicamente el shochu?

La mayoría está sobre los 25%, pero suele moverse entre los 20% y 35%, hasta un máximo de 45%.

¿A qué sabe el shochu?

Pues depende de la materia prima, te recomiendo que te leas el apartado de ¿Qué tipos de shochu existen?

¿Cuál es la información obligatoria que debe contener la etiqueta de shochu?

Debe indicar: el nombre comercial, el productor, el grado alcohólico, el volumen de la botella, la categoría y las precauciones. También hay otras que son optativas como: las IGP, si es orgánico/bio, etc.

¿Cuánto tiempo dura el shochu?

Aunque legalmente no tenga fecha de caducidad, el sabor puede ir variando con el tiempo. Lo recomendable es beber la botella en un máximo de 1 año desde su apertura y conservarla en un lugar fresco y seco.

¿Cuánto shochu se produce cada año?

Pues con dato de la NTA de Japón, 410.839kL en 2019, de los que se exportan 2784kL.

¿Se pueden visitar las destilerías?

Algunas de ellas sí, pasa por mariadelapena.com para tener más información al respecto.

¿Cuál es la diferencia entre el shochu y el awamori?

El awamori es el "abuelo" del shochu, se realiza igual que la primera parte de la producción de shochu, sólo con koji, arroz y agua y luego se destila. En el shochu se hace un paso intermedio antes de destilar (2° moromi). Para más detalles ver sección ¿Cómo se elabora?

¿Qué shochu me recomiendas?

¡Pues depende de la ocasión! Pásate por mariadelapena.com y allí encontrarás varias propuestas según el estilo que busques. No es demasiado fácil encontrar botellas en según qué país, pero te pongo enlaces para que puedas comprar la tuya.

¿Cómo puedo ampliar conocimientos?

La opción más fácil es que vayas siguiendo mariadelapena.com y allí te iré poniendo todo lo que necesites saber, informaciones de cursos, catas, etc. para que puedas aprender todo lo que te interesa.

2o Parte- Baijiu

¿Qué es el baijiu?

¿Qué es el baijiu?

El baijiu es un destilado chino hecho a base de sorgo, principalmente, y se suele envasar a 40%-60%. En algunos casos incluso más. Literalmente significa alcohol blanco, de ahí que, a veces, se le llame "shaojiu", en contraposición al "huangjiu" que es el alcohol amarillo (fermentado).

Es el destilado más consumido del mundo. Sí, es así de categórico y verás el por qué cuando hablemos de magnitudes, pero te adelanto que supone un tercio de todo el alcohol que se consume. Aun así, no es demasiado conocido fuera de China, pero es una realidad que está cambiando, y para eso estamos aquí.

De hecho, como veremos a lo largo de esta segunda parte del libro, hay gran cantidad de tradición no escrita y de leyendas entorno al baijiu. La historia y la tradición la veremos en el apartado siguiente, la leyenda, te la cuento ya:

Se dice que la idea del baijiu le llegó a su creador en un sueño, cuando se le apareció Shenxian (el Espíritu Inmortal) que le dijo que para crear el mejor de los brebajes, debía recoger la fuerza vital de 3 individuos que encontraría al día siguiente, antes del anochecer.

Así pues, con el alba, el creador empezó a buscar y encontró a un sabio, al que le contó el sueño, y aceptó darle unas gotas de su sangre. El segundo hombre, era un general del ejército, que también accedió. El problema era que no encontraba al tercero y empezaba a anochecer, así que encontró a un vagabundo descansando bajo un árbol y éste también aceptó, justo antes del último rayo de sol.

Una vez tuvo toda la sangre, se fue a su casa y siguió con la receta de Shenxian: puso la sangre junto con un un puñado de cereales y ahí nació el jiu.

Actualmente, la representación del baijiu es el caracter del tiempo con tres gotas a la izquierda, representando la sangre de los tres hombres.

La moraleja de la historia es que, según se dice, cuando uno bebe baijiu, primero tiene buenas ideas, luego se envalentona y por último acaba por los suelos, haciendo referencia a los 3 hombres que dieron su sangre para crearlo.

Un poco de historia

Un poco de historia

Como hemos visto, a los chinos les encantan las historias, igual de ahí viene la expresión "cuentos chinos", pero aquí lo que vamos a ver son hechos históricos. ¡Y vaya hechos!

En 1983 un grupo de arqueólogos descubrió en la provincia china de Henan unas vasijas de la civilización Jiahu (entre el 7000-5800 BCE). Los análisis que le hicieron a esas vasijas demuestran que ya en esa época se bebía alcohol: una mezcla fermentada de uva, miel, bayas y arroz.

Saltamos un poco en el tiempo, hasta la Dinastía Xia (2146-1675 BCE) donde hay diversos indicios del consumo de un vino de arroz y luego seguimos hasta la Dinastía Shang (1600-1046 BCE) que se encuentran las primeras evidencias escritas del consumo de alcohol. En estos textos se resalta la importancia del vino de arroz y su conexión con la cultura y la sociedad de la época.

Ofrecimiento de alcohol, una señal de respeto

Aquí quiero hacer un apunte y es que el vino de arroz de la época era más parecido a un nihonshu turbio que a un primitivo huangjiu, que lo veremos luego. En este contexto, el primero estaba reservado a la nobleza y el segundo al resto de la población, puesto que era más "basto" y con un proceso más largo. A parte, así como en Europa el uso de alcohol estaba justificado por razones higiénicas (era más sano beber alcohol que agua contaminada), en China, no tenían este problema porque hervían el agua para hacer té. Por tanto, el consumo de alcohol se reservaba para contadas ocasiones y, como decía, las clases pudientes.

Pero sigamos con la historia. En el Libro de los ritos[8] o de las ceremonias de Confucio

8 Uno de los 5 clásicos de la escuela de Confucio, que busca el ideal de la conducta humana.

(551-479 BCE), encontramos que el shaojiu se servía, casi en exclusiva, en banquetes y ceremonias religiosas, así como a los generales antes de la batalla para infundirles valor.

Después de eso, y durante más de tres siglos, las cosas siguieron tranquilitas hasta la Dinastía Han (206 BCE - 220CE) que se inventó el jiuqu o qu.

Elaboración de huangjiu. Ilustración del libro Materia Dietética de la Dinastía Ming

El qu (pronunciado más o menos "chiu"), que vendría a ser un amasijo de cereales con levaduras y otros microorganismos, permitió hacer una bebida mucho más alcohólica, que llamaron Shaoxing huangjiu (alcohol amarillo de Shaoxing[9]). Esta nueva invención no tardó en hacerse un lugar en las mesas de escritores, poetas y académicos por "facilitar la creatividad" y la lista de los que alababan semejantes propiedades, no era corta precisamente.

Si seguimos avanzando en el tiempo, durante la Dinastía Song (960-1279 CE) llegó el segundo gran avance en la elaboración del baijiu, la destilación. Se cree que inicialmente se destilaban productos parecidos al cognac o al arrak, pero en cuanto se cruzó con el huangjiu, nació el baijiu.

En la Dinastía Yuan (1271-1368 CE) las técnicas de producción se fueron perfeccionando y se añadieron otros cereales, más allá del arroz, a la composición. También se experimentó con huangjiu menos turbio, lo que facilitaba el proceso (y dio lugar al huangjiu actual), así como con tiempos de fermentación más largos para producir nuevos sabores.

---

9 Es el nombre de una ciudad. Las técnicas de elaboración del huangjiu de Shaoxing son Patrimonio Cultural de la Humanidad desde 2006.

Perfeccionamiento de las técnicas de producción. Ilustración del libro Materia Dietética de la Dinastía Ming

En este momento se produjo un fenómeno curioso: como la producción del huangjiu usaba más materias primas, la producción era más cara, por lo que se empezó a consumir más por las clases adineradas, mientras que el baijiu, más barato y más potente en alcohol, se popularizó entre las clases obreras.

Y así llegamos hasta 1912, con la caída de la China imperial y el inicio de la modernización del país. Así pues, en 1915, una delegación china se trasladó hasta la Expo de San Francisco, donde productores de Moutai y Xinghuancun, entre otros, volvieron con premios por sus productos. Esta apertura al mundo abrió los ojos a las destilerías sobre las infinitas posibilidades que tenían este tipo de bebidas. Y así fue, hasta que en 1949 el Partido Comunista decidió nacionalizar la producción y casi que "monopolizar" el consumo, puesto que Moutai[10], por ejemplo, se ha servido en todas las cenas de estado desde 1950.

Actualmente, la producción sigue regulada y las empresas deben cumplir con una serie de requisitos de producción para poder seguir en activo, pero por lo menos, se ha abierto el control en cuanto a comercio internacional.

10 También lo puedes encontrar escrito como Maotai

Por último, no podemos acabar la sección sin que te ponga un resumen para que te quedes con las ideas principales:

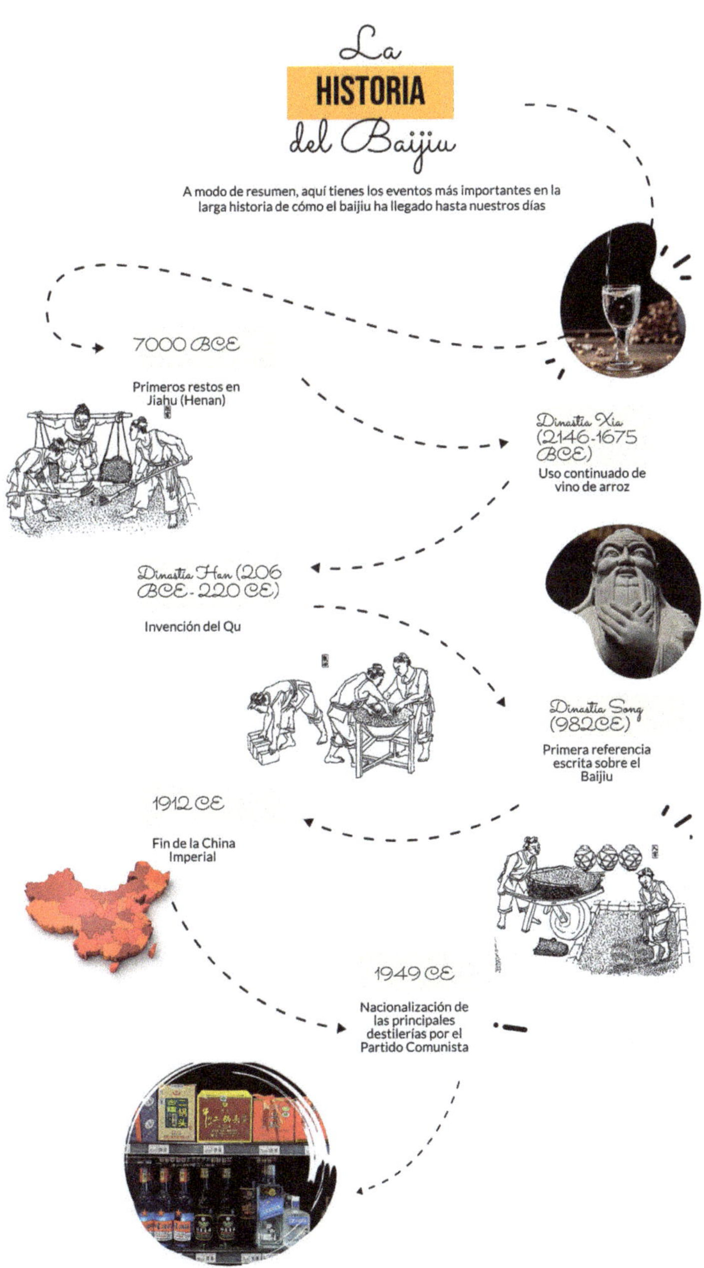
La
HISTORIA
del Baijiu
A modo de resumen, aquí tienes los eventos más importantes en la larga historia de cómo el baijiu ha llegado hasta nuestros días
7000 BCE
Primeros restos en Jiahu (Henan)
Dinastía Xia (2146-1675 BCE)
Uso continuado de vino de arroz
Dinastía Han (206 BCE-220 CE)
Invención del Qu
Dinastía Song (982CE)
Primera referencia escrita sobre el Baijiu
1912 CE
Fin de la China Imperial
1949 CE
Nacionalización de las principales destilerías por el Partido Comunista

Importancia cultural

Importancia económica, social y cultural

Importancia económica

Al principio de esta segunda parte del libro te prometí unos números que te iban a sorprender. Veamos si puedo mantener esa promesa.

Empecemos por números absolutos: Según datos oficiales, en 2020 el mercado del baijiu era de unos 88.500 millones de euros (unos 89.300 millones de USD) y se espera que crezca hasta 110.000 millones antes de 2026. Si eres como yo, te preguntarás: ¿Y eso es mucho o es poco? Porque yo con estas cantidades me pierdo... Pues para que te hagas una idea de la magnitud, te lo voy a comparar con los Presupuestos Generales de España para 2022: 27.633 millones de euros (si, no me he comido ningún cero, es un tercio).

Pero eso no es todo. Supongo que, si estás leyendo esto, conoces marcas como Jack

Daniel's, Smirnoff, Johnnie Walker, Hennessy o Bacardí. ¿Y si te digo que todas ellas juntas no pueden ni soñar en competir con el baijiu? Posiblemente pienses que exagero. Pero mira, Moutai tiene una valoración de 39.332M€ y todas estas juntas suman 18.218M€, con datos de 2020. Es decir, menos de la mitad. Y Moutai es sólo una empresa (la principal, por supuesto, pero no el grueso de productores de baijiu).

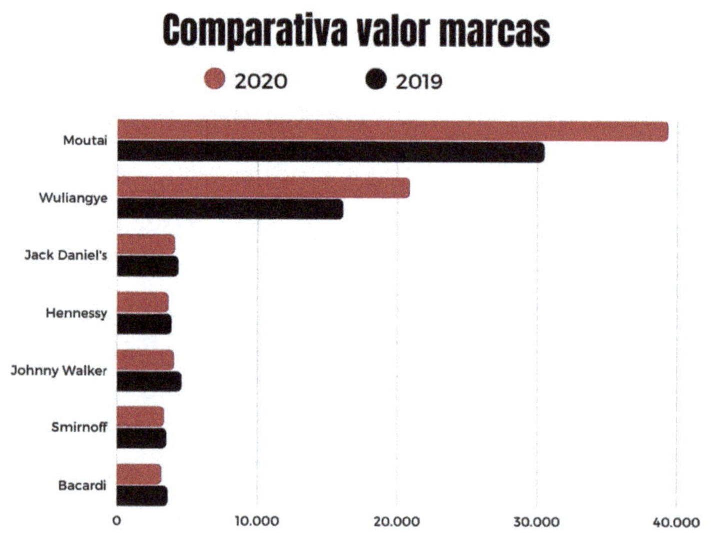

Datos de Brand finance de 2020, en millones de euros

Por último, igual has pensado que las previsiones de crecimiento hasta los 110.000M€ son una exageración, pero Moutai y Wuliangye (la segunda clasificada) aumentaron su valoración cerca del 30% de 2019 a 2020. Por tanto, estas previsiones no sólo se consideran realistas, sino que además creo que, a lo mejor, son un poco conservadoras.

Distribución de la producción

La producción del baijiu se concentra en las regiones centrales, principalmente en las provincias de Shaanxi, Guizou y Shichuan. Estas dos últimas concentran la mayoría de las destilerías y allí se encuentran algunas de las más importantes: Moutai, Luzhou Laojiao y Yibin, por ejemplo.

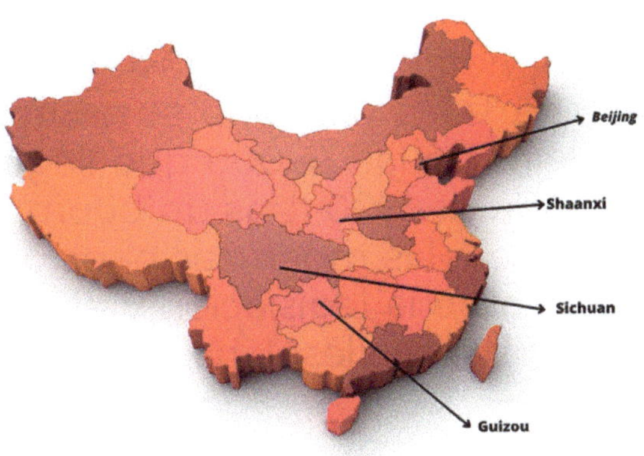

A continuación, tienes un gráfico que muestra el porcentaje de litros que se produce en cada una de las regiones principales. Como ves, Sichuan se lleva la palma con creces.

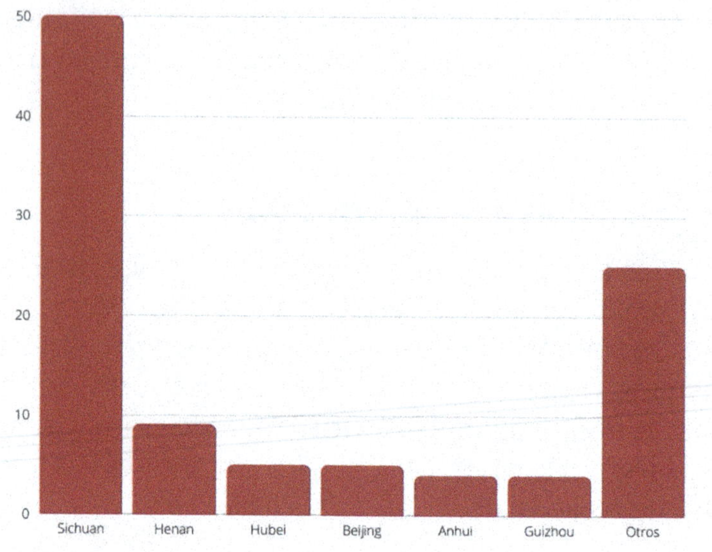

Actualmente, existen más de 10.000 destilerías repartidas por todo el territorio, pero quedan lejos de las 36.000 que llegó a tener en la década de 1990 (tras un boom en 1970). Esto se debe a las modificaciones que te comentaba, sobre la legislación y el control del gobierno sobre las destilerías.

Sin embargo, las marcas históricas llevan siglos trabajando, y no, no es una exageración. De hecho, Luzhou cuenta con récord absoluto, llevando nada más y nada menos que desde 1573 en funcionamiento. Y no tiene pinta que vaya a cambiar a corto, porque su producción está entre las 10 más importantes de China.

國
1573
窖
THE
CELLAR IN CHINA

Importancia social y cultural

Festivales y celebraciones

Si algo tienen en común los chinos con los latinos es que no entendemos una celebración sin comida y, sobretodo, sin bebida. Así pues, el baijiu lleva siglos regando las fiestas y celebraciones de la sociedad china y a continuación te he dejado sólo una muestra de algunas de ellas. No es una lista extensiva, ni mucho menos, pero son algunas de las principales[11]:

- Año nuevo lunar: Sin duda alguna la celebración china por excelencia y ha tomado tal relevancia que se celebra hasta en occidente. La tradición viene de la Dinastía Bei Wei (386-534 CE) y se celebra el cambio de año, diciendo adiós al viejo y hola al nuevo.

- Festival de las linternas: Se da el 15° día del año nuevo lunar y es un festival que cambia según la región. Se suele celebrar con farolillos, fuegos artificiales y, cómo no, bebiendo baijiu.

11 Las traducciones son literales, por lo que igual pueden sonar un poco raras

Farolillos del festival de las linternas

- Festival del barco dragón: Tiene lugar sobre el 5 de mayo y, en este caso, lo que se quiere es combatir las enfermedades que provoca el cambio de tiempo. Por ello, para promover la buena salud, comen zongzi[12] y beben baijiu.

12 Receta a base de arroz glutinoso y huevo, con carne o vegetales en su interior, cubierta con hojas de loto.

Zongzi, comida habitual durante el festival del barco dragón

- Festival de mitad de otoño: Este festival se da el 15° día del 8° mes del calendario lunar, cuando hay luna llena. Lo que viene siendo final de septiembre o principios de octubre del calendario gregoriano. Aquí se reúne la família para beber baijiu infusionado y tomar pastelitos de luna, que son estos que te dejo a continuación.

El baijiu y la medicina

Supongo que debes estar al corriente del hecho que la medicina china no tiene por qué seguir los patrones de la medicina occidental y en este caso el baijiu juega un papel importante. Así pues, se cree que el baijiu entre 50-60% ABV ayuda a combatir los virus y las bacterias (a lo que yo añadiría un: ¡como para no hacerlo!) En ocasiones, también se pueden infusionar plantas medicinales, por lo que el efecto es mayor.

A parte, hay toda una filosofía taoísta (la del yin y el yang) ligada al baijiu, porque al faltar yang en nuestro organismo, el baijiu lo compensa y ayuda a estar en armonía. Igualmente, esto ya no es, ni de lejos, mi campo de especialización. Era sólo un apunte rápido, porque aquí sí daría para escribir otro libro, por si alguien toma el relevo de la idea. Por tanto, seguimos con lo que sí domino y pasamos a ver cómo se elabora ¿Cómo lo ves?

¿Cómo se elabora?

Materias primas

¿Cómo se elabora el baijiu?

El proceso de elaboración del baijiu es distinto de un estilo a otro, por tanto, aquí veremos las generalidades y luego, cuando hablemos de cada uno de los estilos, ya haré los apuntes necesarios en cada caso.

Partiendo de esa base, igual que en el caso del shochu, el baijiu es un destilado. Por tanto, lo primero que se debe realizar es un proceso de fermentación y luego una destilación para concentrar el alcohol que hemos creado previamente.

Las preguntas a responder van a ser las mismas que en el apartado anterior: ¿de qué materia prima partimos?, ¿Cómo hacemos la fermentación? ¿Cómo se concentra el alcohol? ¿Es necesario un proceso de maduración?

Las 4 etapas de elaboración del baijiu
en una simplificación extrema

¿De qué materia prima partimos?

En este caso, tampoco tenemos una lista de la compra extensa y es que sólo necesitamos cereal, agua y qu. Aquí lo interesante para crear los 12 estilos, si 12, es cómo interactúan entre sí y cómo se da la fermentación-destilación.

Agua:

El agua, como en todos los destilados es fundamental, ya que de ella dependen todos los procesos. Un nivel de minerales superior o inferior, por ejemplo, puede cambiar completamente el resultado de la fermentación y por tanto de los sabores que se van a desarrollar. De hecho, es tan importante, que, en caso de necesidad, las empresas tomarán cualquier otra solución posible antes de mover de sitio la destilería.

En este caso se usa para poder lavar los cereales, cocerlos, y para bajar el grado alcohólico una vez hemos realizado la destilación.

Distintos sustratos aportan distintos minerales y, por tanto, distinto sabor.

Qu:

El qu o jiuqu es el elemento que determina qué sabor va a tener el baijiu. Es similar al koji del shochu, pero no son los únicos en su familia, puesto que encontramos también otros ejemplos en Vietnam (bahn men) y Korea (meju o nuruk), por ejemplo.

Se trata de una mezcla de cereales que se humedecen y se controla la población de hongos y levaduras que van a ir creciendo en la superfície. La característica principal, igual que en el caso del shochu, es que permite realizar la sacarificación y la fermentación al mismo tiempo.

Existen multitud de formas y tamaños del qu, pero se pueden dividir en el qu grande (Daqu) o el pequeño (xiaoqu):

- Daqu: Está hecho de trigo o cebada, a veces con guisantes, con los que se hace una pasta y luego se le da forma de ladrillo, como se ve en la imagen. Pueden pesar entre 1,5 y 4,5kg y están formados de bacterias, hongos filamentosos y levaduras principalmente. Como se deja secar al aire, sin influir en nada más, cada empresa y cada región tendrán una composición distinta y el resultado final será único en cada destilería.

Daqu seco, esperando para ser usado

El daqu a parte se puede secar con las condiciones de temperatura controladas, por tanto, distintas temperaturas darán como resultado distintas poblaciones de microorganismos y distintos sabores. Así pues, tenemos: +60°C, entre 50-60°C y -50°C.

- Xiaoqu: Se elabora con harina de arroz o con el salvado y, a veces, se añaden plantas aromáticas para añadir complejidad. Se hacen bolas pequeñas con las manos y en ocasiones se dejan del tamaño de un terrón de azúcar.

Xiaoqu

Cereales:

Los cereales son el eje central de la producción de baijiu y las diferencias en este aspecto pueden tener resultados completamente distintos de un producto a otro. Los cereales más usados son:

- Sorgo: Es un cereal muy típico de África y algunas regiones de Asia. De toda la cosecha de sorgo, se usa el 90% en la producción de baijiu.

- Arroz: Es el 2° cereal más usado tras el sorgo, porque contiene más almidón, pero menos proteína. Así pues, retiene más agua y facilita la fermentación. A parte, produce un sabor ligero que puede llegar a compararse con el nihonshu.
- Arroz glutinoso: Se usa por sus notas dulces, pero es complicado trabajar con él, puesto que crea grumos y dificulta el proceso.

Campos de arroz

- Trigo: Se usa en especial para hacer el qu, no tanto como cereal a fermentar. Sin embargo, las destilerías que, si lo utilizan, dicen que aporta notas suaves y agradables que recuerdan a la miel.

- Maíz: Es el elemento principal del baijiu de aroma fuerte (que lo veremos luego cuando hablemos de los distintos tipos) y aporta especias y dulzor al producto final. Aun así es complicado trabajar con él, porque el centro del maíz aporta muchas proteínas y aceites que luego dan problemas en la destilación.
- Otros: Puede incluir cebada, salvados y guisantes (si, sé que no es un cereal). Los dos primeros se usan, a veces, en sustitución del trigo y los guisantes, principalmente en la producción del qu grande, no tanto como materia a fermentar

Fermentación

¿Cómo fermentamos las materias primas?

Esta respuesta no es tan fácil de contestar, puesto que cada tipo de baijiu tiene un proceso ligeramente distinto. Cuando hablemos de los tipos ya te explicaré las particularidades en cada caso, pero aquí te dejo el proceso genérico para que te vaya sonando

El proceso de fermentación es un proceso sin fin, ya que se trabaja en cadena. Por tanto, empezamos con la cocción de los cereales, que nos permitirá aportar humedad y favorecer la fermentación. Aquí, en algunos casos se mezcla con el cereal extraído del final de la fermentación, de ahí que el proceso no sea lineal.

Cocción de los cereales

Al mismo tiempo (o con anterioridad), se ha formado el qu que se añadirá a los cereales en el paso siguiente

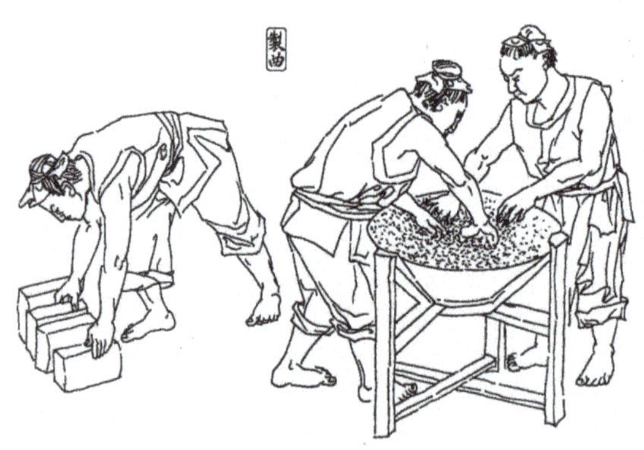

Una vez tenemos los cereales cocidos, hay que enfriarlos para que la temperatura resultante del proceso de cocción no elimine las poblaciones de microorganismos del qu. Este paso se lleva a cabo, habitualmente en el suelo de la destilería porque requiere de mucha superficie.

Sacando los cereales para enfriar

Cuando el cereal ya tiene la temperatura adecuada, se esparce el qu, previamente triturado, por toda la superficie y se mezcla para que la distribución sea uniforme. Este paso es crítico, porque ninguno de los ingredientes tiene azúcar fermentable de forma natural. Por tanto, en este momento, dejaremos a los hongos del qu que hagan la sacarificación, que es la conversión de los almidones en azúcares fermentables.

A continuación, se distribuyen los cereales por el pozo de fermentación y se dejará que las levaduras del qu realicen la conversión del azúcar en alcohol. Este proceso se dará en estado sólido o semi-sólido, siendo ésta una de las características principales del proceso productivo del baijiu. Posteriormente el pozo se sellará, habitualmente con barro, durante un periodo de entre unas semanas y varios meses, según el tipo de baijiu.

Pozos en el suelo esperando para ser llenados y a la derecha, tapados con barro

Cuando el proceso de fermentación ya ha convertido todo el azúcar en alcohol, es el momento de sacar los cereales del pozo. En este paso es importante tener en cuenta que no se pueden sacar todos los cereales juntos, puesto que algunos estilos de baijiu ponen especial énfasis en las capas y el orden que deben mantener. Así pues, se pueden llegar a dividir hasta en 5 montones distintos para destilarse de forma separada.

Por último, toca poner los cereales en el alambique. Y si, se ponen los cereales porque al igual que la fermentación es en sólido, la destilación sigue el mismo principio. Para que te hagas una idea, es como cuando haces arroz al vapor en una olla a presión. Es decir, pones el agua en la base de la olla, y luego una cesta/rejilla que mantenga el arroz encima del agua sin llegar a tocarlo. Cuando se calienta el agua, sube el vapor, que cuece el arroz y sale por la válvula de presión (¡el vapor, no el arroz, aunque se de alguien que le salieron lentejas por la válvula, pero eso ya es otra historia!) Bromas aparte, creo que con esto te habrá quedado claro el funcionamiento, ya que no es especialmente evidente cuando estamos acostumbrados a hacerlo todo en estado más o menos líquido.

Destilación

¿Cómo concentramos el alcohol?

Ahora que ya tenemos los cereales en el alambique y ya sabes que el funcionamiento es como una olla a presión, toca saber cómo se opera ese alambique.

Empezaré por enseñarte cómo era el alambique tradicional y así luego puedes entender mejor cómo funciona el actual. El motivo es que, aunque exteriormente se parezca más a un alambique europeo tradicional (pot still), el funcionamiento es más parecido a una columna.

Así pues, en la imagen siguiente tienes el alambique que se usaba tradicionalmente: un barril de madera con la base metálica para no quemarlo y el caño que sale es "el mango de una cuchara" que está en el interior. Cuando el vapor sube, condensa en el plato superior que está abombado y el líquido cae a la "cuchara" esta que te digo, lo que permite recoger el destilado. Una variación de este estilo se sigue usando hoy en día en la elaboración de algunos mezcales ancestrales, por lo que es rudimentario, pero para nada en desuso.

La evolución de este estilo es el que tienes a continuación, en la destilería más antigua de toda China. En la foto puedes ver al frente el alambique con el condensador en la parte izquierda y detrás los pozos de fermentación tapados con barro. Además, en la pared está el 1573, el año de la destilería.

La operativa del alambique tiene el mismo principio que el anterior, pero en vez de fuego en la parte inferior, se inyecta vapor de agua por la base. Este vapor pasa por las distintas capas, sube por el tubo y llega al condensador. De ahí lo que te comentaba del funcionamiento tipo columna, más que pot still

Estos alambiques son completamente manuales, ya que la carga del cereal debe ser lo suficientemente ligera como para que pase el vapor, pero compacta a la vez, para asegurar que la velocidad sea lenta y poder extraer todos los sabores necesarios.

Cuando se opera el alambique, las cabezas y las colas se separan, habitualmente, por un principio parecido al perlado[13] del mezcal, que es lo que se ve en la imagen. Las cabezas se descartan siempre y las colas, a veces, se vuelven a destilar para eliminar impurezas y conservar aromas más complejos.

---

13 Burbujas que se forman entre 43-55% ABV. Sirve para medir el cuerpo y el porcentaje alcohólico del destilado.

Por último, los cereales que se han destilado, se pueden descartar o se pueden volver a usar en el proceso de mezcla de los cereales con el qu. Este paso se hace por temas de acidificación del medio y se pueden hacer varias capas en función de las proporciones de la mezcla. De ahí que, al principio del proceso, decía que es un bucle sin fin y que el pozo de fermentación se separa en capas según de dónde venga el material.

Maduración

¿Es necesario un proceso de maduración?

Ésta es la última pregunta que nos queda por responder en cuanto a proceso y la respuesta es un sí, siempre, aunque sólo sea un reposo de 6 meses para un producto de gama baja.

El proceso se da principalmente porque el baijiu recién destilado, llamado yuanjiu, es de una "dureza" importante. Se debe dejar reposar al menos durante esos 6 meses para pulir aristas y hacer algo que sea agradable al paladar. De hecho, sigue los mismos principios que la maduración en occidente, pero en este caso, la cantidad de aldehídos que presenta, hace que el mínimo de maduración sea un poco más largo.

Otro de los puntos interesantes del baijiu y su proceso es que para el añejamiento se usan exclusivamente tinajas de barro de distintos tamaños (aunque se está probando también con inox). El motivo es que permiten una mayor oxigenación del producto y se pueden formar ésteres, disminuyendo los sabores que no interesan y creando más de los que sí.

El proceso deja mucho margen a la inventiva. Se puede añejar en almacenes, al aire libre, bajo tierra, etc. El tiempo también es libre y, aunque la mayoría suele estar sobre los 3-5 años, también existen baijius añejados por mucho más tiempo.

El único punto que parece ser un poco crítico es la humedad, puesto que a niveles altos habrá mucho moho y dejará el producto con sabores "raros" y si es un ambiente muy seco puede ser que no se intercambie el oxígeno como debería dentro de las vasijas.

Distintos estilos de añejamiento y maduración

Blending

Otro punto importante, igual que veíamos en el shochu, es el blending. Esta acción de mezclar distintos lotes para mantener la uniformidad del producto, se hace en casi todos los destilados. Aun así, siendo una práctica muy común, se sigue considerando un 70% de capacidad técnica y un 30% de arte. A parte, si tomamos la filosofía Taoísta (la del yin y el yang) hay que mantener un balance, entre el baijiu añejo (yin) y el más joven (yang). Por tanto, estamos lejos de la precisión matemática en este tipo de acciones.

Envasado

Una vez tenemos el baijiu en el punto que se quiere aún no está listo para envasar. La mezcla resultante del blend se suele dejar reposar un poco más en inox o cerámica para integrar bien todos los aromas. Tras este periodo de reposo entonces ya si, se puede envasar. Habitualmente se suele dejar entre 36% y 65%, aunque la mayoría se sitúa en la franja de los 40-45%.

¿Qué tipos de baijiu existen?

¿Qué tipos de baijiu existen?

En el apartado del shochu te decía que no era tan fácil responder a esta pregunta, pero por lo menos, en Japón existe una clasificación "lógica" en función de cómo se produce. Aquí, siento decirte que ni siquiera eso.

Aun así, rompamos una lanza en favor de los chinos, porque intentar clasificar algo que lleva tantos siglos descontrolado y que se produce en una región del tamaño de Europa continental, no es nada fácil. Sería como intentar meter el whisky y el cognac en el mismo saco, pues lógicamente, no funciona.

La idea para clasificarlos fue que en 1952 se hizo un concurso de baijiu y se seleccionaron las 4 marcas principales como estilos: Moutai, Fenjiu, Luzhou y Xifeng. Pero estas eran las marcas que mayor comercialización tenían, por lo que el sistema, lógicamente quedaba un poco cojo.

En 1963 repitieron el concurso y salieron 196 tipos de licor, lo cual es mucho más amplio, pero completamente ingestionable. Así pues, en 1979 se decidió juntar los distintos baijius por sabor, lo que, de entrada, indica similitudes en los procesos y materias primas. El problema de este sistema es que se han encontrado 510 esteres que contribuyen en mayor o menor medida al aroma del baijiu, por lo que hubo que ir un paso más allá.

Actualmente existen 12 tipos de baijiu con esta clasificación de sabores y/o aromas, siendo los 4 principales: Salsa, fuerte, suave y arroz. Aun así, como ves en el gráfico siguiente, el mercado está completamente dominado por los baijius fuertes.

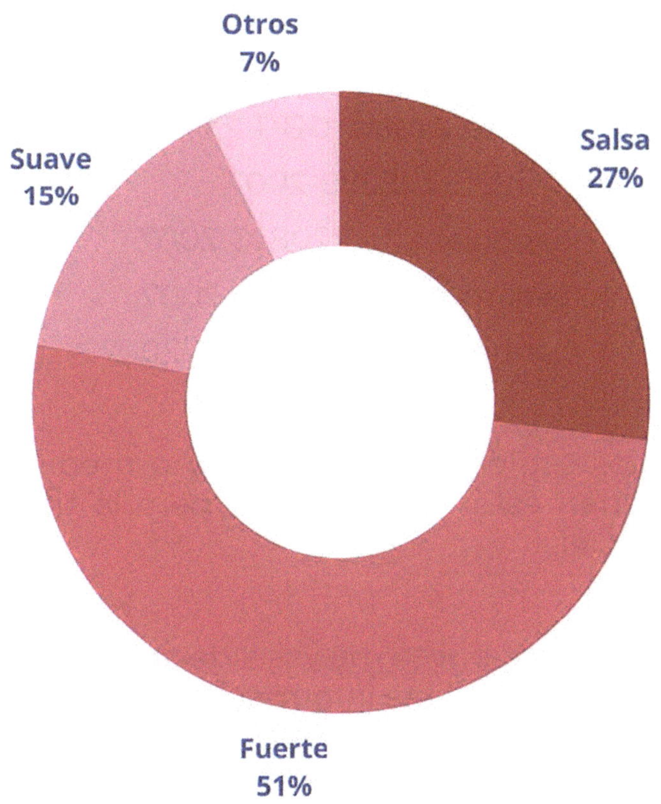

Otro punto a tener en cuenta es que, de los 12 sabores oficiales, sólo 10 de ellos cuentan con estándares de producción, lo que de refuerza la idea que siguen trabajando en ello. Estos estilos son:

- Suave: GB/T 10781.2-2006
- **Salsa: GB/T 26760-2011**

- Fuerte: GB/T 10781.1-2006
- Arroz: GB/T 10781.3-2006
- Fénix: GB/T 14867-2007
- Fuerte y salsa: GB/T 23547-2009
- Chi: GB/T 16289-2007
- Especial: GB/T 20823-2007
- Sésamo: GB/T 20824-2007
- Laobaigan: GB/T 20825-2007

Los estilos Yunnan y Dong o medicinal no tienen estándar nacional, pero lo tienen provincial.

Y en este punto me vas a decir: ¿Y yo para qué quiero toda esta información de códigos? Pues porque si no hablas y/o lees chino, el código es una forma de saber lo que tienes en la botella y lo que puedes esperar. Así pues, en la imagen siguiente, puedes ver que lo importante, que es el porcentaje de alcohol y el tipo de baijiu, lo puedes tener claro.

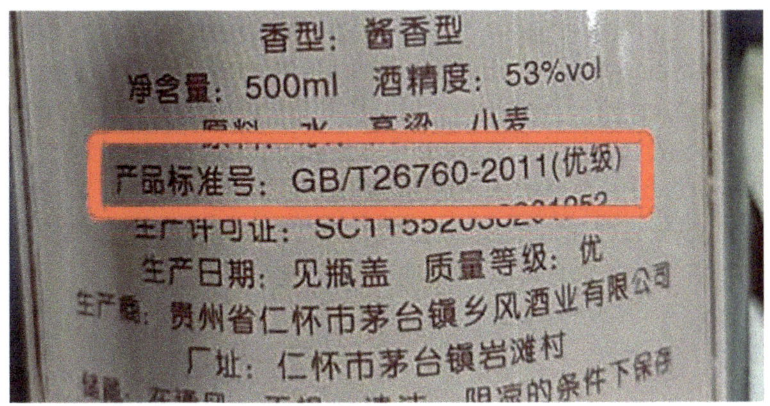

Código GB/T en una botella de baijiu estilo salsa

Eso sí, lo que quieres evitar a toda costa es el 20821 y el 20822, que son los de gama baja y hechos a base de alcohol neutro y aromas. Tiene su público, no te digo que no, pero me preocupo un poco por ti y me gustaría que disfrutes de lo que bebes.

Estilos principales

Vamos a ver ahora los 4 estilos principales con sus características y un poco cómo se hacen y dónde los encontramos. De hecho, como a nivel productivo influye todo, desde los ingredientes, el tipo de qu, el pozo de fermentación y cómo se relacionan entre si hasta el clima de la región, empezamos por aquí, por el clima, y luego vamos a los otros factores.

En el mapa siguiente tienes la distribución de los 4 aromas: salsa, fuerte, suave y arroz, que, como ves, cada uno tiene una zona bastante delimitada. El motivo es que no es lo mismo la China interior que la costera y eso influye en el tipo y cantidad de microorganismos que vamos a tener en la destilería:

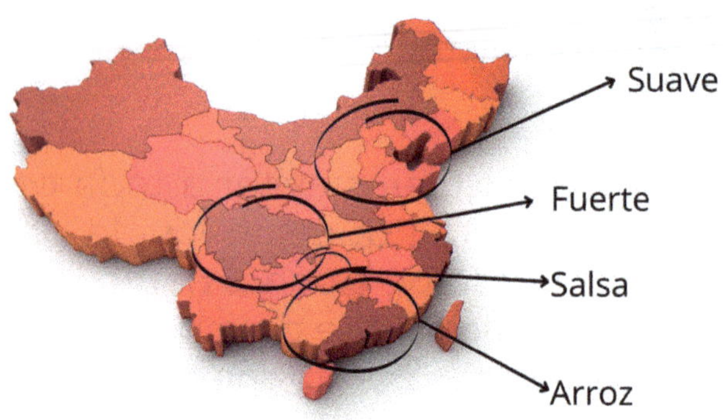

Y como ejemplos de climas, pues unas imágenes, que valen más que 3000 palabras, en este caso.

Ambiente húmedo y frío de la región de Xingxi

Campos de arroz en Yunnan, con un clima más cálido

Zona montañosa de la región de Sichuan

Baijiu con aroma fuerte (Nong Xiang):

Es el baijiu más popular y se elabora principalmente en la zona de Sichuan. Se produce en una secuencia de fermentación-destilación en pozo en suelo de barro que puede durar años, es decir, se vacía el pozo en distintas pilas y se destilan por separado. Cada vez que se hace el proceso, se descarta la primera y se añade la misma cantidad de cereal nuevo. Sería algo así como la versión en cereal del vino de Jerez con el sistema de las criaderas y soleras.

Suele ser transparente o ligeramente amarillo y suele tener un carácter pronunciado (fuerte) y un cierto dulzor afrutado. También presenta aromas de frutas tropicales como la piña o el plátano y unas notas terrosas, yendo en ocasiones hacia aromas que recuerdan al queso.

Baiju con aroma a salsa (Jiang Xiang):

Este es el segundo grupo más popular y debe su nombre a que recuerda a la salsa de soja. Se hace principalmente en la zona de Guizhou y suele partir de sorgo que fermenta en pozo de piedra durante un mes, luego se saca y se añade sorgo fresco. Esta mezcla se destila y se repite el proceso 7 veces, sacando cada vez un destilado con notas distintas. Al final se hace un blend de todo el destilado y se vuelve a empezar el proceso. Así se consigue variedad de aromas y sabores que no se podría de otra forma.

Como apunte curioso, Wuliangye, que es uno de los productores principales de este estilo, tiene 30 procesos distintos y 165 procedimientos para poder producir el baijiu con aroma a salsa. Esto lógicamente es una locura para el pobre responsable de control de calidad, puesto que es muy difícil mantener el control de todos ellos.

Dicho esto, las notas principales son: soja, champiñón y carne. Se considera una apuesta "para iniciados" porque suele tener un punto importante a amoniaco y la complejidad que suele presentar no es para todo tipo de públicos.

Baijiu con aroma suave (Qing Xiang):

El estilo suave se suele producir en varias zonas, pero se concentra más en la zona norte. Se elabora con qu grande y sorgo, pero algunas marcas usan también trigo y arroz. La fermentación suele ser corta para evitar la creación de un exceso de aromas, siendo algunos días y como máximo un mes. Después se destila y se deja entre 6-12 meses en cerámica para madurar.

Las notas principales del aroma suave son melón y floral, que dejan paso a orejón, pera y hierbas en boca. Este estilo, junto con el de arroz, pueden ser los más indicados para iniciarse en el mundo del baijiu, por ser los más "fáciles" para un paladar occidental.

Baijiu con aroma de arroz (Mi Xiang):

En este caso estamos más cerca de una producción tipo shochu que el resto de baijius. Es decir, básicamente, se hace un vino de arroz con qu pequeño y se destila. Este estilo es muy típico de Guangxi y Guangdong y es el primero de todos ellos que se puede automatizar.

Las notas también son parecidas al kome shochu y tiene aromas, principalmente, de arroz y cítricos. Al ser bastante neutro, se suele usar como base para infusionar hierbas aromáticas y medicinales, lo que dará lugar al estilo medicinal.

Por último, por cerrar sección, y como sé que es un tema muy complejo, te he hecho un resumen con los puntos principales y algunas de las marcas de mayor relevancia en la categoría, por facilitarte la búsqueda[14]:

14 Si quieres encontrar más marcas, puedes visitar mi web mariadelapena.com y allí encontrarás los links necesarios para hacerte con tu botella

	FUERTE	SALSA	SUAVE	ARROZ
ZONA	Sichuan	Guizhou	Norte de China	Guangxi y Guangdong
INGREDIENTES	Sorgo, a veces mezcla con otros	Sorgo	Sorgo	Arroz
FERMENTACIÓN	Pozo de barro	Piedra	Piedra	Vasija de piedra
AROMAS	Fruta tropical	Salsa de soja, tostados, champiñón	Melón, floral	Arroz cocido, limón
SABORES	Piña, plátano, pimientas, herbáceo	Fermentado, setas, fruta caramelizada	Orejón, pera, herbáceo, pino	Arroz, hojas de te, miel
MARCAS POPULARES	Luzhou Laojiao, Wuliangye	Kweichow Moutai, Langjiu	Red Star, Xinghuacun Fenjiu	Guilin Sanhua, Kiukiang

¿Cómo se bebe?

¿Cómo se bebe el baijiu?

Éste es, posiblemente el único apartado fácil de todo el mundo baijiu. Se bebe tal cual, en vaso o copita tipo dedal y de un trago. A parte, no te voy a poner de nuevo cómo se compra, porque ya te he contado lo principal cuando hablábamos del GB/T en el apartado anterior.

Lo que si debes tener en cuenta es la etiqueta a la hora de tomarlo. No, no me refiero a la pegatina de la botella, me refiero a qué hacer y qué no en la mesa, que en la cultura china es de gran importancia.

¿Cómo se sirve?

Como te comentaba, en vasitos pequeños, que hay que llenar hasta el borde y es muy importante servir a todos los comensales por igual.

Cuando toda la mesa tiene ya su copa, hay que hacer un brindis, por lo que sea, como si es por un bien superior. Lo más importante aquí es que si alguien brinda por ti, debes devolver siempre el brindis porque de no hacerlo, se considera una ofensa. Y tampoco puedes hacer un churro de brindis, así que igual es buena idea que pienses algunos antes de una velada importante.

Por otro lado, cuando brindes, en el momento de chocar las copas, si chocas dejando tu copa ligeramente por debajo de la de los otros, es un signo de respeto. Y si, puedes esperar que te corten el paso en el camino para llegar a la parte más baja, pero por lo menos, debes intentarlo.

Una vez hecho todo esto, gritas ¡Ganbei! y te tomas el vaso de golpe. Aquí es importante que tengas en cuenta que, en una cena con bastante gente, esto va a ser un no parar. Es mucho peor rechazar una bebida que emborracharte, tenlo en cuenta. Al fin y al cabo, en China no está mal visto que no puedas con tu alma (en ocasiones, como en los negocios, es hasta aconsejable) y el papel de tu anfitrión es que disfrutes. ¡Así que a disfrutar!

Esto es lo que debes hacer, pero, ¿Hay algo que te pueda meter en problemas? Pues sí: No se puede beber sin compañía. Es muy descortés. Otro tema es que debes esperar a que tu anfitrión te diga dónde sentarte, puesto que existen "jerarquías" que no te puedes saltar.

En cuanto a los brindis, ya hemos visto que son importantes. Lo que no debes hacer es brindar antes que tu anfitrión haga el primero y no puedes dejar de beber antes que él haya acabado. Existe la norma que, quien compra la bebida, manda en este aspecto, así que fíjate en el anfitrión y toma siempre una más.

Con todo esto, tienes las normas básicas de etiqueta para sobrevivir en una cena que puede ser más o menos formal. Lo demás te lo dictará el sentido común y en caso de duda, fíjate en lo que hacen tus compañeros de mesa. Al fin y al cabo, como dice el dicho: Allí donde fueres, haz lo que vieres.

¿Cómo se marida?

¿Cómo se marida?

Ahora que ya sabes cómo sobrevivir a una cena en China, ¿qué tal si vemos cómo puedes maridar baijiu de forma que puedas disfrutarlo al máximo? Los básicos de la cata, los puedes recuperar en el apartado de maridaje del shochu, así que aquí vamos al grano.

Existe el dicho que no fallarás maridando el baijiu de una región concreta con la especialidad culinaria de esa región. Y como punto de partida nos vale, pero ¿y el resto de platos? Pues para eso debemos ver el estilo del baijiu, ya que algunos de ellos son ligeramente dulces.

A parte, si volvemos al taoísmo, la regla principal es que no puedes hacer nada que decepcione a tus sentidos. ¡Y vaya si comulgo con esa idea! Así pues, se puede maridar por afinidad o por contraste, pero siempre de forma complementaria. También es interesante saber que los alimentos grasos o con gran nivel de hidratos hacen que el alcohol se absorba más lentamente, lo cual es interesante si la velada se prevé larga.

Veamos pues algunos maridajes interesantes según el estilo de baijiu. Lo único, ya te aviso, aquí los quesos no salen muy bien parados. Así que, si quieres algún maridaje, te recomiendo, por ejemplo, un queso azul con baijiu de aroma fuerte, un rulo de cabra con un aroma suave o un camembert con un aroma a salsa. Te puedes aventurar más en este campo, pero, por el momento y a mi modo de verlo, habrá que seguir probando.

Baijiu con aroma fuerte (Nong Xiang):

En este caso tenemos aromas fuertes por lo que la comida debe estar a la altura para que no pase desapercibida. Aquí puede funcionar bien un pollo picante, un guiso de sichuan (Sichuan Hot Pot) o algún plato con ternera. Si nos vamos a platos occidentales, una buena opción es una lasagna de berenjena o un gratinado de calabaza con bacon.

Baijiu con aroma a salsa (Jiang Xiang):

Este estilo tiene un final especialmente largo, por lo que funciona bien con pescados, mariscos y platos de curry. También puede acompañar perfectamente un plato de shiitake a la brasa o encurtidos. Otra opción más occidental es una carne de cerdo a la brasa o alitas de pollo picantes.

Baijiu con aroma suave (Qing Xiang):

La mayoría piensa que un maridaje adecuado es un marisco poco condimentado o un plato de pollo suave, pero en este caso, las verduras funcionan muy bien. Lo que si hay que evitar es el picante y la grasa, porque al ser suave, se perderán los sabores y los aromas, por lo que el maridaje no tendrá sentido.

Baijiu con aroma de arroz (Mi Xiang):

Este baijiu se suele usar en aperitivos y comidas ligeras, no tanto en un banquete. Una buena opción puede ser un ramen, tempura o dim sum. Por otro lado, como recuerda ligeramente al kome shochu, se pueden tomar como referencia algunas de las propuestas de este estilo.

FAQ

Preguntas frecuentes

Al igual que en el caso del shochu, he intentado cubrir todos los elementos de producción, estilos, etc. De la forma más fácil posible, sin embargo, te dejo las preguntas que me hacen de forma más recurrente.

¿Qué grado alcohólico tiene típicamente el baijiu?

La mayoría está sobre los 40%, pero suele moverse entre los 30% y 65%.

¿A qué sabe el baijiu?

Depende del estilo, pero a rasgos generales: el fuerte es tropical, el de salsa a salsa de soja, el suave es más floral y el de arroz a arroz blanco.

¿Se pueden visitar las destilerías?

Algunas de ellas sí, pasa por mariadelapena.com para tener más información al respecto.

¿Qué baijiu me recomiendas?

¡Pues depende de la ocasión! Pásate por mariadelapena.com y allí encontrarás varias propuestas. A veces es complicado poder encontrar botellas, pero te pondré los enlaces para que puedas hacerte con la tuya con un solo click.

¿Cómo puedo ampliar conocimientos?

La opción más fácil es que vayas siguiendo mariadelapena.com y allí te iré poniendo todo lo que necesites saber, informaciones de cursos, catas, etc. para que puedas aprender todo lo que te interesa.

¿Me puedo poner en contacto contigo?

Si claro, escríbeme a través del formulario contacto de mariadelapena.com y te contestaré encantada.

Anexos

¿Me ayudas?

En primer lugar, gracias por haber llegado hasta aquí. Espero que hayas disfrutado el libro y, sobretodo que hayas aprendido cosas interesantes. Sólo con eso yo ya me doy por satisfecha.

Lo que si me dejas, ¿puedo pedirte un favor para que este libro llegue a más personas? Sólo te lleva 1 minuto y a mí me ayuda mucho. Lo único que tienes que hacer es escribir una opinión sincera del libro en la plataforma donde lo compraste y/o dejar un testimonio en redes sociales. Tanto si es positiva, como negativa, ¡todas las opiniones son bienvenidas!

Es algo que yo no puedo hacer (por esos rollos de la transparencia y la honradez) así que me serviría de mucha ayuda si puedes hacerme este favor.

Tu regalo por haber llegado hasta aquí

Ahora, quiero ayudarte a que sigas con tu formación y quiero ofrecerte un 10% de descuento en cualquier curso de destilados en enoAula. Lo único que tienes que hacer es escanear este QR e introducir mi código personal: MPDES10HH. ¡Se aplica directamente y podrás aprender un montón!

¡Nos vemos!

Conoce a la autora

Conoce a la autora

Aquí tienes cómo mantener el contacto conmigo o cómo encontrarme en redes:

Web:

Mariadelapena.com

Redes Sociales

Instagram:

@Bymariadelapena

Linkedin:

María de la Peña

Glosario

Glosario

He intentado mantener un lenguaje lo más sencillo posible, pero por si acaso, aquí tienes algunas definiciones:

ABV	Alcohol por volumen, es el grado alcohólico
Añejamiento	Es la acción de dejar reposar el destilado para integrar mejor los aromas y sabores
Baijiu	El destilado objeto de la segunda parte del libro
BCE	Before Common Era. Equivale a los años antes de Cristo
Blend	Acción de mezclar distintos lotes de destilado para encontrar las notas deseadas
Cabezas de destilación	Liquido inicial que sale del alambique
CE	Common Era. Equivale a después de Cristo
Colas de destilación	Liquido final que sale del alambique

Destilación	Acción de concentrar el alcohol por medio de un alambique
Etanol	El alcohol que se puede beber
Fermentación	Acción de convertir los azúcares en alcohol
Ganbei	El chin chin cuando se brinda en China
Gelatinización	Acción por la cual el agua y el calor rompen el almidón y se convierte en una pasta viscosa
Huangjiu	El vino de arroz chino
Kanpai	El chin chin cuando se brinda en Japón
Koji	Microorganismos para iniciar la fermentación del shochu
Moromi	Cada uno de los llenados en la elaboración del shochu
Pozo de fermentación	Agujero en el suelo donde se realiza la fermentación. Puede ser de barro o de piedra
Qu	Microorganismos para iniciar la fermentación del baijiu
Sacarificación	Acción de convertir los almidones en azúcares fermentables
Shochu	El destilado objeto de la primera parte del libro
Taoismo	Filosofía china que se centra en la armonía con la naturaleza
Yin Yang	Principio que dice que todo tiene un opuesto inseparable (día-noche, blanco-negro, etc.)

Imágenes

Directorio de imágenes y créditos

Todos los gráficos y las imágenes que no constan en los créditos son propiedad de María de la Peña.

Shochu

1. 琉球泡盛絵巻1　比嘉華山（ひがかざん・1868 - 1939）, Public domain, via Wikimedia Commons.
2. Hhaithait, CC BY-SA 4.0 <https://creativecommons.org/licenses/by-sa/4.0>, via Wikimedia Commons.
3. Unknown author Unknown author, Public domain, via Wikimedia Commons.
4. katorisi, CC BY-SA 3.0 <https://creativecommons.org/licenses/by-sa/3.0>, via Wikimedia Commons.
5. Juego de ken: British Museum, Public domain, via Wikimedia Commons.

6. Forrest O., CC BY-SA 2.0 <https://creativecommons.org/licenses/by-sa/2.0>, via Wikimedia Commons.
7. Sanjo, Public domain, via Wikimedia Commons.
8. ワシモ, CC BY-SA 3.0 <http://creativecommons.org/licenses/by-sa/3.0/>, via Wikimedia Commons.
9. Fermentador shochu - Unsplash.
10. OIST from Onna Village, Japan, CC BY 2.0 <https://creativecommons.org/licenses/by/2.0>, via Wikimedia Commons.
11. Foto de Jeremy Bezanger en Unsplash.
12. https://publicdomainq.net/shochu-japanese-liquor-0014762/, CC0, via Wikimedia Commons.
13. Taragawa_Cellar-User-Object In Space, CC BY-SA 4.0 <https-//creativecommons.org/licenses/by-sa/4.0CC BY-SA 4.0 Creative Commons Attribution-Share Alike 4.0>, via Wikimedia Commons.
14. Hato tokkuri: Los Angeles County Museum of Art, Public domain, via Wikimedia Commons.
15. ivva, CC BY-SA 2.0 <https://creativecommons.org/licenses/by-sa/2.0>, via Wikimedia Commons.
16. Okinawa -Unsplash.

17. Imagen Mori-Izo fondo desenfocado- Jun Seita, CC BY 2.0 <https://creativecommons.org/licenses/by/2.0>, via Wikimedia Commons.
18. Satsuma_Shuzo's_Shochu_bottles - Sakaori, CC BY 3.0 <https-//creativecommons.org/licenses/by/3.0>, via Wikimedia Commons.
19. Karakara_and_cups-Jdmtdktdht, CC BY-SA 3.0 <https-//creativecommons.org/licenses/by-sa/3.0CC BY-SA 3.0 Creative Commons Attribution-Share Alike 3.0>, via Wikimedia Commons.
20. Stefen -tan-_sfMD-OhFR8-unsplash.
21. Susann -schuster-mvWWdKQBjx8- unsplash.
22. Tomoyo -s-AAptGeIAPMU-unsplash.
23. Ikhsan -baihaqi-pbc2wXbQYpI-unsplash.

Baijiu:

1. 新图网_蜡染工艺品_ixintu.com.
2. Utagawa Kunisada, Public domain, via Wikimedia Commons.
3. 新图网_彩色古代酒旗_ixintu.com.
4. Anonymous Unknown author, CC BY 4.0

<https://creativecommons.org/licenses/by/4.0>, via Wikimedia Commons.

5. Anonymous Unknown author, CC BY 4.0 <https://creativecommons.org/licenses/by/4.0>, via Wikimedia Commons.
6. Mae -mu -LgnE31R9PGc - unsplash.
7. 新图网_酒_ixintu.com.
8. 新图网_月饼中秋月饼_ixintu.com.
9. 新图网_白酒工艺介绍图标_ixintu.com.
10. Evelyn Simak / Sorghum bicolor.
11. Jialiang Gao, www.peace-on-earth.org, CC BY-SA 3.0 <http://creativecommons.org/licenses/by-sa/3.0/>, via Wikimedia Commons.
12. 新图网_酒_ixintu.com.
13. 新图网_古代烧酒图_ixintu.com.
14. Xiaomage de, CC BY-SA 4.0 <https://creativecommons.org/licenses/by-sa/4.0>, via Wikimedia Commons.
15. 新图网_古代酿酒庄_ixintu.com.
16. 新图网_中国风古代酿酒图插图元素_ixintu.com.
17. Uliana Sys - Unsplash.
18. Zhimai -zhang-pBg2i0aUOec- unsplash.
19. 新图网_元素古代人物_ixintu.com.
20. 新图网_中国风古代酿酒图插图元素_ixintu.com.

Bibliografía

Referencias

- Ang, Kristiano. "Is the World Ready for Baijiu?" *Wall Street Journal*, August 12, 2011. http://blogs.wsj.com/scene/2011/08/12/is-the-world-ready-for-baijiu.
- Appelbaum, Binyamin. "Beer Drinking and What It Says about China's Economy." *New York Times*, April 23, 2011. http://economix.blogs.nytimes.com/2011/04 /23/beer-drinking-and-what-it-says-about-chinas-economy.
- Ball, James Dyer. *Things Chinese*. Hong Kong: Kelly and Walsh, 1903.
- Bittman, Mark, and Andrew Kligerman. "Why Europeans Drank Beer and Asians Drank Tea." *New York Times*, July 11, 2008. http://dinersjournal.blogs.nytimes.com/2008/07/11/why-europeans-drank-beer-and-asians-drank-tea.
- Brand Finance. *Alcoholic Beverages 2020*. Marzo 2022. https://brandfinance.com /images/upload/brand_finance_al-

coholic_beverages_2017_locked.pdf.

- Cwiertka, KatarzynaJ. *Modem JapaneseCuisine, Food,PowerandNational Identi!J.*London: Reaktion Books Ltd, 2006.
- Doi, Masaru. *JapaneseOne-Pot Cookery, FriendJayndFestiv.e*Tokyo: Kodansha International Ltd., 1966.
- Guo, Shu. Baijiu, The flavours of China. Hi bridge Global Consulting, 2021
- Gunma Editorial Board. Japanese Food Culture: Gunma Dishes. Tokyo: Agriculture and Mountain Fishing Village Cultural Association, 1990.
- Ishige, Naomichi. *TheHistoryand CultureofJapaneseFood.*Oxford, U.K.: Kegan Paul Ltd. and Routledge, 2001.
- Tan Huileng. "China's Drinking Habits Are Changing, and That's a Big Opportunity for Beverage Makers." cnbc, December 28, 2017. www.cnbc.com/2017 /12/28/beverage-makers-chinese-are-drinking-craft-beer-wine-baijiu.html.
- Sun Li. "Getting a Handle on Rural China's Baijiu Culture," *China Daily*, October 20, 2011.
- Sandhaus, Derek. Baijiu, the essential guide to chinese spirits. Penguin, 2014.
- Society of Wine Educators. 2020, Cer-

tified Specialist of Spirits study guide. SWE 2020.

- World Health Organization. *Global Status Report on Alcohol and Health*. Geneva: who Press, 2021.
- WSET. Understanding spirits: Explaining style and quality, WSET 2019.

Agradecimientos

Agradecimientos

A Elo, por todo. No me voy a poner cursi a estas alturas, pero ya sabes que no podría hacer ni la mitad de cosas sin tu apoyo.

A mi familia, cada uno de ellos por algo distinto, pero en general, porque me intentan mantener con los pies en el suelo.

A mi profesor de historia del colegio. Sí, sé que hace +20 años de eso, pero no ha habido un solo día que me haya puesto a escribir y que no me acordase de su: ¡María no me seas tan esquemática y explícate un poco mejor! Y cada apartado pensaba ¿se entiende lo suficiente o necesito aclarar algo? Así que la "culpa" de mis ejemplos sui generis es suya...

Así que, MUCHAS GRACIAS a todos y espero que os guste el libro.